Diogenes Taschenbuch 22479

Buddha

Worte der Vollendung

Herausgegeben und mit einem Vorwort und einem Nachwort von Wolfgang Kraus

Diogenes

Dieser Band erschien erstmals im
Georg Prachner Verlag, Wien und Stuttgart, 1952
Die vorliegende Ausgabe wurde von
Wolfgang Kraus überarbeitet
Umschlagillustration: ›Stehender Buddha‹,
Kalksteinstatue in Anuradhapura,
ca. 2. Jahrhundert vor Christus
Foto von Hitoshi Tamura
(Ausschnitt)

Alle Rechte vorbehalten
Copyright © 1952
Diogenes Verlag AG Zürich
www.diogenes.ch
40/03/8/3
ISBN 3 257 22479 6

Ich streite nicht mit der Welt, sondern die Welt streitet mit mir. Wer die Wahrheit verkündet, streitet mit niemandem in der Welt.

Der Lehre gedenkend, erheitert sich der Geist, Freude steigt auf, und was an Befleckung des Geistes besteht, das schwindet.

Buddha

Vorwort

»Seid still, Freunde, da kommt Gotama heran, Liebhaber der Stille ist er ja, Lobpreiser der Stille. Vielleicht daß eine schweigende Versammlung ihn veranlaßt, sich uns zu nahen...« – Die meisten Menschen von heute haben das Schweigen nicht erlernt, und die Stille, in der man mehr hört als sich selbst, ist ihnen fremd. Sie sind das Opfer ihrer zahllosen kleinen Ziele, an die sie ihre Kraft verschwenden, und ihr Sprechen und Handeln ist zu einem Lärm geworden, der jeden Ruf, der aus der Ferne kommt, übertönt. Buddhas Lehre ist der Weg zur Stille und, über sie hinaus, die Wanderschaft zur Erfüllung, zum letzten Ziel, das nach dem Erlöschen der Irrlichter heimatlich vor uns auftaucht.

Der Europäer hat sich in seiner Entwicklung weit von diesem Weg entfernt, doch drängen die Krisen, die er damit heraufbeschworen hat, immer mehr zur Besinnung. Es gibt nun keinen größeren Gegensatz zu dem angstvollen Lebensdurst unserer Zeit, zu ihrer wahllosen Gier nach Macht, als die Worte Buddhas über den vollkommenen Frieden der Seele. An ihnen empfinden wir mit tiefer Betroffenheit, wie weit uns der Abweg geführt hat, und sie sind es, welche uns aus einer Welt, die dem Wesen näher ist, die Kraft geben, unserem inneren Verlangen nach wahren Werten getreuer nachzukommen.

Das Leben Buddhas verliert sich im Dunkel der Überlieferung, es ist fast nur ein Symbol für seine Lehre, gemäß den Worten: »Wer da die Lehre schaut, der schaut mich, wer mich schaut, schaut die Lehre.« Buddhas Geburt und Tod liegen zwischen 560 und 480 vor Chr., alles andere ist mythischer Bericht; er soll als Prinz aus dem Stamm der Shakyas in Kapilavastu, einer Stadt des nördlichen Indien, auf die Welt gekommen sein und eine sorglose, mit den Reichtümern der Erde überschüttete Jugend verbracht haben. Nach Jahren schrankenlosen Lebensgenusses hatte der junge Mann, der den Vornamen Siddharta – »Der sein Ziel erreicht« – führte, ein vierfaches Erlebnis, das ihn bis auf den Grund erschütterte: er begegnete einem Greis, einem Kranken, einem verwesenden Leichnam, einem Asketen und fühlte an ihnen das Leid der Welt. Er folgte der Stimme, die ihn rief, den Weg zur Auflösung des Leidens zu suchen, und verließ Frau und Kind, um »vom Haus in die

Hauslosigkeit« zu gehen. Sieben Jahre verbrachte er bei Asketen und in völliger Einsamkeit, bis ihm die Erleuchtung zuteil wurde: er sah die vier Wahrheiten, die Wahrheit vom Leid, von der Entstehung des Leides, von der Aufhebung des Leides, und den Weg, der zur Aufhebung des Leides führt. Seither war er der Erwachte, der »Buddha«, der seine Lehre vertiefte und der Menschheit weitergab. Arm und von Almosen lebend durchwanderte er Indien vierzig Jahre lang, sammelte Schüler um sich und gründete Gemeinden. Er starb als Achtzigjähriger, nachdem er zu seinen Mönchen gesprochen hatte: »Vergänglich ist alles geworden. Strebet ohne Unterlaß.« Seine Lehre aber eroberte nicht nur ganz Indien, sondern große Teile von Mittel- und Ostasien, vor allem aber China.

Die Lehre Buddhas, wie wir sie in der ältesten erreichbaren Gestalt erkennen, ist auf die »Vier Wahrheiten« aufgebaut. Aus der ersten, der »Wahrheit vom Leid«, ergibt sich, daß das Leben dem Leiden gleichzusetzen sei. Der einzelne Mensch leide kein persönliches Leid, sondern den Schmerz der Geburt, des Lebenswillens, den allgemeinen Schmerz der Welt. Niemand sei von einem abgegrenzten Ich erfüllt. Jeder bestehe vielmehr aus einem Zusammenwirken innerer Zustände und Elemente, den »Dharmas«, genau so wie die Wirklichkeit, mit der er dadurch untrennbar verbunden sei. Die zweite Wahrheit, die »Wahrheit von der Entstehung des Leides«, bezeichnet den Lebensdurst als seine Ursache. Er äußere sich in der Sinnlichkeit ebenso wie im rein geistigen Erkenntnisdrang und bewirke über den Tod hinaus eine neue Wiedergeburt, neues Leid, und dies so lange als der Lebensdurst rege bleibe. Die dritte, die »Wahrheit von der Aufhebung des Leides«, sagt, das Erlöschen des Lebensdurstes bedeute die Auflösung des Leides. Die vierte, die »Wahrheit vom Weg zur Aufhebung des Leides«, weist auf den achtteiligen Pfad: rechtes Glauben – die Vier Wahrheiten, rechtes Entschließen – Abkehr von Begierde, rechtes Wort – die Aussage vom Wesentlichen, rechte Tat – dem Wesentlichen getreues Handeln, rechtes Leben – die Sorge für den notwendigen Unterhalt, rechtes Streben – dem Heil entgegen, rechtes Gedenken – Besonnenheit, rechtes Sich-Versenken. Das rechte Sich-Versenken mit Hilfe des Yoga führe in die Nähe des »Nirwana«, dem letzten Ziel, dem Ende aller Geburten, dem völligen Losgelöstsein. Das Yoga ist eine Reihenfolge von Meditationsübungen, die auf dem Weg über die Konzentration auf verschiedene Gesetze und Zustände Schritt für Schritt zur tiefen Selbstversenkung führt. Der Übende gelangt etwa beim »Adhicatta« durch vierzig vorgeschriebene Stationen – er besinnt sich unter anderem auf die »Zehn Wahrnehmungen des Unreinen«, auf das »Vierfach Unermeßliche« – zur völligen »Entleerung des Ich-Bewußtseins« und zur Aufnahme des »Nirwana«. Die Übung führt dabei zu einem äußeren Tiefschlaf, der ohne Nahrungsaufnahme bis zu zehn Tage währen kann.

Die Lehre Buddhas trägt in ihrer ursprünglichen Gestalt durchaus religiösen Charakter. Sie ist kein ausgearbeitetes widerspruchsloses System, das sich völlig eindeutig auslegen läßt. Immer bleibt ein Dunkel zurück, in dem wir ein Gefühl der Ahnung von einem Letzten erleben, das sich unserer Beschreibung widersetzt.

Buddha hat, wie Sokrates und Epiktet, seine Lehre nicht selbst schriftlich niedergelegt. Dies haben Mönche etwa hundert Jahre nach seinem Tod getan, nachdem auf einem Konzil der Kanon endgültig festgelegt worden war. Die Lehre ist im sogenannten Dreikorb (Tripitaka) aufgezeichnet: dem Korb der Disziplinen (Vinaja-pitaka), dem Korb der Lehrvorträge (Sutra-pitaka) und dem Korb der Metaphysik (Abhidharma-pitaka). Jeder dieser Körbe zerfällt wieder in mehrere große Sammlungen, diese wieder in viele selbständige Bücher. Der uns vollständig erhaltene Kanon des Dreikorbs ist der Pali-Kanon, der in der Pali-Sprache, einem frühen mittelindischen Dialekt, welcher heute noch in Ceylon (Sri Lanka) als Klostersprache gebraucht wird, abgefaßt ist.

Im Verlauf der Jahrhunderte hat der Buddhismus eine immer reichere Ausgestaltung erfahren. Während im »Kleinen Fahrzeug« – so nannte man die erneuerte Lehre – nur einige systematische Abrundungen des alten Gedankengutes besorgt wurden, formte das »Große Fahrzeug« einen vielfach erweiterten und gelockerten Volksglauben, der die Gestalt des Buddha ganz aus der Historie löste und zu einer göttlichen Urerscheinung erhob. Die nach der Ordnung des alten Buddhismus nur nach einem Leben in tiefster Selbstversenkung zugängliche Vollendung wird nun auch bei einfacher täglicher Liebe und Freigebigkeit als erreichbar bezeichnet. Das am spätesten, etwa im 6. Jahrhundert, entstandene »Diamantene Fahrzeug« zeigt starke mystische Züge, es bringt komplizierte Verästelungen in die Lehre und kehrt sie in mancher Hinsicht geradezu in ihr Gegenteil. Die Leidenschaften etwa werden nur so lange für verwerflich erklärt, als sie sich auf schlechte Ziele richten, dem männlichen Buddha werden weibliche Symbole gegenübergestellt, und durch erotische Riten sucht man die erlösende Erkenntnis in der Vereinigung des weiblichen und männlichen Prinzips zu verherrlichen. Seither hat sich eine unübersehbare Zahl von Sekten gebildet, die noch heute von Ceylon bis zum Baikalsee, vom Kaukasus bis nach Japan mehr als dreihundertzwölf Millionen Menschen umfassen.

Buddha bezeichnet sich zwar selbst als den Begründer einer Lehre, doch war er, genau betrachtet, nur der Reformator einer schon bestehenden. Der Buddhismus ist die zweite Reformbewegung des Brahmanismus, der um die Wende des halben Jahrtausends vor Christus in Indien bereits entartete Züge zeigte und damit seine Kraft verloren hatte. Nur wenige Jahrzehnte vor Buddha war schon ein anderer Reformator, Jina, – seine Anhänger nannten sich Jinaisten – aufgetreten, dessen Neuerungen jenen des Buddhismus sehr ähnlich waren. Der Brahmanismus hatte vor allem durch sein strenges Kastenwesen und die extreme Sonderstellung der Priester die Unzufriedenheit des Volkes erweckt. Eine unübersehbare Fülle von Geheimvorschriften diente dazu, den Willen der Götter zu bezwingen, und die Wissenden versetzten die Masse der schlichten Gläubigen durch immer neue Rechte, die sie sich herausnahmen, in Schrecken. Einst war der Brahmanismus eine empfindungstiefe Naturreligion gewesen, die sich aus den Vedas entwickelt hatte. Im »Rigveda«, etwa zwei Jahrtausende vor Christus, in den anderen Vedas und den Upanischaden finden wir den »Brahma« zum erstenmal. Das Wort Brahma ist mehrdeutig: als »*das* Brahma« ist es die den Göttern zustrebende Andacht, als »*der* Brahma« bezeichnet es sowohl den Priester als auch die mythologische Gestalt des göttlichen Schöpfers, später das All überhaupt und das abstrakte Prinzip der Welt. Dem Brahma eingeordnet ist das »Atman«, die jede einzelne Seele umschließende Weltseele. Der Brahma-Atman entfaltet sich zu unserer Welt, entfernt sich aber dabei vom eigenen Wesen. Die Natur und die Menschheit sind getrübter Brahma-Atman, voll Unvollkommenheit und Leid, doch kehren sie, einst von ihm ausgestrahlt, wieder zu ihm zurück, wobei die Menschen den Weg der Seelenwanderung gehen und sich Stufe um Stufe – in kleinen oder großen, je nach der Kraft ihrer Reinheit – dem Brahma-Atman nähern. Die Priester hatten nun diese Lehre sehr zu ihren Gunsten ausgelegt, indem sie ihrer Kaste gewaltige Vorteile sicherten und dem einfachen

Gläubigen sogar die Hoffnung auf Allvereinigung nach dem Leben schmälerten. Hier setzten nun die Reformbewegungen Jinas und Buddhas mit aller Entschiedenheit ein. Es gab keine angeborenen Unterschiede mehr, es stand der Weg zur Vollkommenheit – bei Buddha zum Nirwana – jedem offen, der den Willen aufbrachte, ihn zu gehen. Vor allem dem Buddhismus strömten nun die Völker Indiens und des übrigen Asien zu.

Eineinhalb Jahrtausende nach Buddhas Leben war der Brahmanismus durch den Streit mit den neuen Lehren wieder erstarkt. Es begann eine Gegenreformation – bekannt unter der Bezeichnung Hinduismus – die zwar in Indien von großer Wirksamkeit war, aber den Einfluß des Buddhismus im Asien jenseits der indischen Grenze nicht verdrängen konnte.

In ihrer späteren Entwicklung lösten sich alle diese Lehren nach einer scholastischen Übergangsperiode in eine Reihe von philosophischen Systemen auf, die zum Teil auch von den Konzilen anerkannt wurden. Die großen Denker waren Prashastapada (um 400 nach Chr.), der wichtigste Vertreter des Nyaya-Veisheshika, sowie Shamkara (9. Jahrhundert) und Ramanuja (gestorben 1137) als die wichtigsten Philosophen des Vedanta-Systems. In weiter Verästelung reicht die alte indische Religionsweisheit bis Ram Mahun Roy (1777–1833) und Ramakrishna (1833–1886).

Die Berührung Europas mit den indischen Lehren besteht seit Alexander dem Großen. Der Forscher Megasthenes (302–291) befaßte sich systematisch mit indischen Glaubensfragen, und um die Jahrhundertwende sollen mehrere griechische Philosophen nach Indien gereist sein, um die Lehren zu studieren. Der Neu-Platoniker Apollonius (1. Jahrhundert nach Chr.) hatte Indien besucht, und sowohl die Stoa als auch die christlichen Kirchenväter des Altertums schöpften indirekt oft aus indischen Quellen. Später verlor sich die Verbindung, bis Vasco da Gama den Weg nach Ostindien wiederentdeckte. Eine intensive Missions- und Forschungstätigkeit begann, bei der Frankreich und England besonders rege waren.

Im deutschen Sprachgebiet machte Johann Gottfried Herder zum erstenmal auf die unerschöpfliche Quelle der indischen Weisheit aufmerksam, bald darauf, im Jahre 1808, veröffentlichte Friedrich Schlegel ein sehr beachtliches Werk »Über die Sprache und Weisheit der Inder«, und August Wilhelm Schlegel, der seit 1818 die erste deutsche Professur des Sanskrit in Bonn innehatte, besorgte eine Reihe wichtiger Textausgaben. Friedrich Rückert schrieb vielgelesene Nachdichtungen, Alexander von Humboldt veröffentlichte sprachwissenschaftliche Arbeiten, und bereits G.W.F. Hegel (1770–1831) brachte in seinen Vorlesungen über die Philosophie der Religion eine ins Wesen dringende Darstellung über die Philosophie der indischen Glaubenslehre. Arthur Schopenhauer (1788–1860) nahm nicht nur den vollen Einfluß indischer Weisheit in sich auf, sondern machte sie bewußt zu einem wesentlichen Element seiner Philosophie. Der Gedanke von der »Welt als Wille und Vorstellung«, vom Willen, der allein ist, von den Menschen, die nur Objektivationen dieses Willens sind, das tiefe Gefühl vom Leid alles Lebens, dies stammt aus buddhistischer und brahmanistischer Lebensanschauung. Seit Schopenhauer ist ihr Einfluß, der durch Hermann Graf Keyserling neue Kraft erhalten hat, aus Europa nicht mehr wegzudenken. Die Gedanken Buddhas formen heute noch das Leben von dreihundertzwölf Millionen Menschen Asiens. In den Worten seiner Lehre offenbart sich über zweieinhalb Jahrtausende hinweg ein Urerlebnis der menschlichen Seele, das zwar dem Bewußtsein des europäischen Menschen entglitten ist, das aber immer noch in seinem Ahnen und Fühlen schläft. Wieder mit dem Ursprung eins zu werden und die heftig vorgestürmte äußere Entwicklung an ihm zu messen, ist ein Weg, den zu gehen der europäischen Kultur noch bevorsteht.

Diese Auswahl versucht, die zugänglichsten und gehaltvollsten Stellen aus dem Pali-Kanon zu sammeln. Kaum wird der Leser sich dem außerordentlich umfangreichen Gesamtwerk von über 10 000 Seiten widmen können, in welchem endlose Wiederholungen im Charakter von Gebetsformeln das Verständnis erschweren. Daher war dieses Bändchen bemüht, das Wesentliche, das lebendig zu uns spricht, zu vereinigen und damit ein Erlebnis zu erschließen, das bisher immer noch zu sehr im Verborgenen geblieben ist.

Wolfgang Kraus

Worte der Vollendung

Beginn des Wissens

»Sorgenlos lebte ich einst, ihr Jünger, höchst sorgenlos, unbegrenzt sorgenlos. In der Wohnung meines Vaters hatte man für mich Lotusteiche anlegen lassen. An einer Stelle blühten blaue Lotusblumen, an einer Stelle weiße, an einer Stelle rote; und das bloß meinethalben.

Nicht benutzte ich, ihr Jünger, andere Salben als aus Benares. Aus Benaresstoff war meine Kleidung, meine Jacke, mein Untergewand, mein Übergewand. Tag und Nacht, ihr Jünger, wurde ein weißer Schirm über mich gehalten, um nicht durch Kälte, Hitze, Staub, Strohhalme oder Frost belästigt zu werden.

Drei Paläste, ihr Jünger, besaß ich: einen für den Frost, einen für den Sommer, einen für die Regenzeit. In dem Palaste für die Regenzeit war ich während der vier Monate ausschließlich von weiblichen Musikspielerinnen umgeben, und nicht stieg ich vom Palaste herab. Und wie, ihr Jünger, in den Wohnungen der anderen den Dienern und Knechten ein Gericht aus rotem Reis dargereicht wird, und als zweites eine Reissuppe, so wurde in dem Hause meines Vaters den Knechten und Dienern ein aus Reis und Fleisch bestehendes Gericht verabreicht.

Mit solchem Vermögen ausgestattet, ihr Jünger, mit solcher unbegrenzter Sorgenlosigkeit, kam mir der Gedanke: Wahrlich, der unkundige Weltling, selber dem Alter unterworfen, ohne dem Alter entrinnen zu können, ist bedrückt, entsetzt und ekelt sich, wenn er einen anderen gealtert sieht. Auch ich nun bin dem Alter unterworfen, kann dem Alter nicht entrinnen...

Indem ich, ihr Jünger, so dachte, schwand mir jeglicher Jugenddünkel.

Wahrlich, der unkundige Weltling, ihr Jünger, selber der Krankheit unterworfen, ohne der Krankheit entrinnen zu können, ist bedrückt, entsetzt und ekelt sich, wenn er einen anderen krank sieht. Auch ich nun bin der Krankheit unterworfen, kann der Krankheit nicht entrinnen...

Indem ich, ihr Jünger, so dachte, schwand mir jeglicher Gesundheitsdünkel.

Wahrlich, der unkundige Weltling, ihr Jünger, selber dem Tode unterworfen, ohne dem Tode entrinnen zu können, ist bedrückt, entsetzt und ekelt sich, wenn er einen anderen tot sieht. Auch ich bin dem Tode unterworfen, kann dem Tode nicht entrinnen...

Würde ich also, der ich dem Tode unterworfen bin, dem Tode nicht entrinnen kann, beim Anblick eines anderen, der gestorben ist, bedrückt sein, mich entsetzen und ekeln, so wäre das nicht recht von mir. – Indem ich, ihr Jünger, so dachte, schwand mir jeglicher Lebensdünkel.«

Der Aufbruch

Als der Erhabene sich in Verborgenheit und Einsamkeit zurückgezogen hatte, erhob sich in seinem Geist dieser Gedanke: Erkannt habe ich diese Lehre, die tiefe, schwer zu schauende, schwer zu verstehende, die friedvolle, herrliche, bloßem Nachdenken unerfaßbare, feine, nur dem Weisen zugängliche. In Weltlust aber verweilt die Menschheit; in Weltlust ist sie heimisch; an Weltlust freut sie sich. So ist denn der Menschheit, der in Weltlust verweilenden, in Weltlust heimischen, an Weltlust sich freuenden, dies schwer erschaubar: die Verknüpfung von Ursachen und Wirkungen, die Entstehung eines jeglichen aus seiner Ursache. Und auch dies ist gar schwer erschaubar: das Zurruhekommen aller Gestaltungen, das Fahrenlassen aller irdischen Bestimmtheit, der Untergang des Durstes, das Freisein von Verlangen, das Aufhören, das Nirwana. Wenn ich die Lehre predigte und die andern sie nicht verständen: das wäre für mich Ermüdung, das wäre für mich Qual.

Wie der Erhabene also dachte, neigte sich sein

Geist dazu, in Ruhe zu verharren und die Lehre nicht zu predigen. Da erkannte Brahma Sahampati in seinem Geist die Gedanken, die durch den Geist des Erhabenen gingen. Und er sprach zu sich: Vergehen, ach, wird diese Welt, zugrunde gehen, ach, wird diese Welt, wenn des Vollendeten, des Heiligen, des höchsten Buddha Geist sich dazu neigt, in Ruhe zu verharren und die Lehre nicht zu predigen. Und schnell, wie ein starker Mann den gekrümmten Arm ausstreckt oder den ausgestreckten Arm krümmt: so verschwand Brahma Sahampati aus der Brahmawelt und trat vor dem Erhabenen in die Erscheinung. Und Brahma Sahampati entblößte die eine Schulter vom Obergewand, senkte sein rechtes Knie zur Erde, neigte die zusammengelegten Hände gegen den Erhabenen und sprach zum Erhabenen also: »Es möge, Herr, der Erhabene die Lehre predigen; es möge der Wohlwandelnde die Lehre predigen. Es sind Wesen, denen nur wenig Unreinheit anhaftet, aber wenn sie die Lehre nicht hören, gehen sie verloren: die werden Erkenner der Lehre sein.«

Da blickte der Erhabene, das Zureden Brahmas vernehmend und der Wesen sich erbarmend, mit seinem Buddhaauge über die Welten hin. Und wie der Erhabene mit seinem Buddhaauge über die Welten hinblickte, sah er Wesen, denen wenig

Unreinheit und denen viel Unreinheit anhaftete, von scharfen Sinnen und von stumpfen Sinnen, von guter Art und von böser Art, leicht zu unterweisen und schwer zu unterweisen, manche, die für die Gefahren des Jenseits und der Sünde ein Auge hatten. Wie in einem Teich voll Wasserrosen, blauem Lotus, weißem Lotus, die einen Wasserrosen, blauen Lotusblumen, weißen Lotusblumen, im Wasser geboren, im Wasser erwachsen, aus dem Wasser nicht hervorragen und in der Tiefe blühen – andre bis zum Wasserspiegel reichen – wieder andere über das Wasser sich erheben, vom Wasser unbenetzt: also sah der Erhabene mit seinem Buddhaauge über die Welten hinblickend Wesen, denen wenig Unreinheit und denen viel Unreinheit anhaftet, von scharfen Sinnen und von stumpfen Sinnen, von guter Art und von böser Art, leicht zu unterweisen und schwer zu unterweisen, manche, die für die Gefahren des Jenseits und der Sünde ein Auge hatten. Als er solches sah, sprach er zu Brahma Sahampati den Spruch: »Der Ewigkeit Tor, es sei jedem aufgetan, der Ohren hat. Mag sich denn Glaube regen! Vergebliche Mühe zu meiden hab' ich das edle Wort noch nicht der Welt verkündet.«

Da sah Brahma Sahampati: Der Erhabene hat mir zugesagt, die Lehre zu predigen. Und er brachte dem Erhabenen ehrfurchtsvollen Gruß, umwandelte ihn rechtshin gewandt und verschwand von selbiger Stätte.

Vollendetes Leben

»Der Welt Genuß, ihr Jünger, habe ich gesucht; was es hinsichtlich der Welt an Genuß gibt, das habe ich erlangt; und wie weit hinsichtlich der Welt der Genuß geht, das habe ich in Weisheit wohl durchschaut.

Der Welt Elend, ihr Jünger, habe ich gesucht; was es hinsichtlich der Welt an Elend gibt, das habe ich erlangt; und wie weit hinsichtlich der Welt das Elend geht, das habe ich in Weisheit wohl durchschaut.

Die Erlösung von der Welt, ihr Jünger, habe ich gesucht; was da Erlösung von der Welt ist, das habe ich erlangt; und wie weit hinsichtlich der Welt die Erlösung geht, das habe ich in Weisheit wohl durchschaut.«

Die vier Wahrheiten

»Dies, ihr Mönche, ist die edle Wahrheit vom Leiden. Geburt ist Leiden, Alter ist Leiden, Krankheit ist Leiden, Tod ist Leiden, mit Unliebem vereint sein ist Leiden, von Liebem getrennt sein ist Leiden, nicht erlangen, was man begehrt ist Leiden: kurz, die fünferlei Objekte des Ergreifens sind Leiden. Dies, ihr Mönche, ist die edle Wahrheit von der Entstehung des Leidens; es ist der Durst, der zur Wiedergeburt führt, samt Freude und Begier, hier und dort seine Freude findend: der Lüstedurst, der Werdedurst, der Vergänglichkeitsdurst. Dies, ihr Mönche, ist die edle Wahrheit von der Aufhebung des Leidens: die Aufhebung dieses Durstes durch restlose Vernichtung des Begehrens, ihn fahren lassen, sich seiner entäußern, sich von ihm lösen, ihm keine Stätte gewähren. Dies, ihr Mönche, ist die edle Wahrheit vom Wege zur Aufhebung des Leidens: es ist dieser edle achtteilige Pfad, der da heißt: rechtes Glauben, rechtes Entschließen, rechtes Wort, rechte Tat, rechtes Leben, rechtes Streben, rechtes Gedenken, rechtes Sichversenken.«

Der Weg der Mitte

»Zwei Enden gibt es, ihr Mönche, denen muß, wer dem Weltleben entsagt hat, fern bleiben. Welche zwei sind das? Hier das Leben in Lüsten, der Lust und dem Genuß ergeben: das ist niedrig, gemein, ungeistlich, unedel, nicht zum Ziele führend. Dort Übung der Selbstquälerei: die ist leidenreich, unedel, nicht zum Ziele führend. Von diesen beiden Enden, ihr Mönche, sich fernhaltend, hat der Vollendete den Weg, der in der Mitte liegt, entdeckt, der Blick schafft und Erkenntnis schafft, der zum Frieden, zum Erkennen, zur Erleuchtung, zum Nirwana führt.

Und was, ihr Mönche, ist dieser vom Vollendeten entdeckte Weg, der in der Mitte liegt, der Blick schafft und Erkenntnis schafft, der zum Frieden, zum Erkennen, zur Erleuchtung, zum Nirwana führt? Es ist dieser edle achtteilige Pfad, der da heißt: rechtes Glauben, rechtes Entschließen, rechtes Wort, rechte Tat, rechtes Leben, rechtes Streben, rechtes Gedenken, rechtes Sichversenken.

Dies, ihr Mönche, ist der vom Vollendeten entdeckte Weg, der in der Mitte liegt, der Blick schafft und Erkenntnis schafft, der zum Frieden, zum Erkennen, zur Erleuchtung, zum Nirwana führt.«

Das Licht der Wahrheit

»Ich streite nicht mit der Welt, ihr Mönche. Sondern die Welt streitet mit mir. Wer die Wahrheit verkündet, ihr Mönche, streitet mit niemandem in der Welt.

Wovon die Weisen in der Welt, ihr Mönche, halten, daß es nicht sei, davon sage auch ich: ›Es ist nicht.‹ Und wovon, ihr Mönche, die Weisen in der Welt halten, daß es sei, davon sage auch ich: ›Es ist.‹

Und was ist es, ihr Mönche, wovon die Weisen in der Welt halten, daß es nicht sei, und wovon auch ich sage: ›Es ist nicht‹?

Von Körperlichkeit, ihr Mönche, die beständig, bleibend, ewig, der Veränderung nicht unterworfen wäre, halten die Weisen in der Welt, daß sie nicht sei, und auch ich sage von ihr: ›Sie ist nicht.‹

Und was ist es, ihr Mönche, wovon die Weisen in der Welt halten, daß es sei, und wovon auch ich sage: ›Es ist‹?

Von Körperlichkeit, ihr Mönche, die unbeständig, leidenvoll, der Veränderung unterworfen ist, halten die Weisen in der Welt, daß sie sei, und auch ich sage von ihr: ›Sie ist.‹

Es gibt, ihr Mönche, in der Welt eine Weltwesenheit, die der Vollendete erkennt und durchschaut. Und indem er sie erkennt und durchschaut, lehrt er sie, zeigt er sie auf, tut er sie kund, stellt er sie hin, enthüllt er sie, erklärt er sie Stück für Stück, legt er sie auseinander.

Und was ist, ihr Mönche, in der Welt die Weltwesenheit, die der Vollendete erkennt...?

Die Körperlichkeit, ihr Mönche, ist in der Welt eine Weltwesenheit, die der Vollendete erkennt... Und wenn sie so, ihr Mönche, vom Vollendeten gelehrt, aufgezeigt, kundgetan, hingestellt, enthüllt, Stück für Stück erklärt, auseinander gelegt wird: wer sie dann nicht erkennt und erschaut, was kann ich, ihr Mönche, mit einem solchen Toren machen, einem Alltagsmenschen, einem Blinden, einem Augenlosen, der nicht erkennt und nicht schaut?

Wie, ihr Mönche, eine Wasserrose oder eine blaue Lotusblume oder eine weiße Lotusblume, im Wasser geboren, im Wasser erwachsen, über das Wasser sich erhebt, vom Wasser unbenetzt: ebenso, ihr Mönche, steht der Vollendete da, in der Welt erwachsen, die Welt überwindend, von der Welt unbefleckt.«

Die innere Freiheit

»Was für Körperlichkeit, Empfindungen, Vorstellungen, Gestaltungen, was für Erkennen es nur immer gibt, vergangene, künftige, gegenwärtige, in uns oder außerhalb, stark oder zart, gering oder hoch, in Ferne oder Nähe: sie sind nicht mein, sind nicht ich, sind nicht mein Selbst.

Wer es also ansieht, ihr Mönche, ein kundiger, edler Hörer der Lehre wendet sich ab von der Körperlichkeit, wendet sich ab von den Empfindungen, wendet sich ab von den Vorstellungen, wendet sich ab von den Gestaltungen, wendet sich ab vom Erkennen. Indem er sich davon abwendet, wird er frei vom Begehren. Durch Freiheit vom Begehren wird er erlöst. Vernichtet ist die Geburt, vollendet der heilige Wandel, erfüllt die Pflicht; keine Rückkehr gibt es mehr zu dieser Welt.«

Die unreine Flamme

Der Erhabene, als er in Uruvela verweilt hatte, solange es ihm gefiel, machte sich auf die Wanderschaft nach dem Berge Gayasisa mit einer großen Mönchsschar, mit tausend Mönchen. Da verweilte nun der Erhabene zu Gaya und sprach zu den Mönchen also:

»Alles, ihr Mönche, steht in Flammen? Und was alles, ihr Mönche, steht in Flammen? Das Auge, ihr Mönche, steht in Flammen. Die sichtbaren Dinge stehen in Flammen. Das Erkennen, vermöge des Auges, steht in Flammen. Die Berührung des Auges mit sichtbaren Dingen steht in Flammen. Das Empfinden, das infolge der Berührung des Auges mit dem Sichtbaren entsteht, sei es Freude, sei es Schmerz noch Freude: auch dies steht in Flammen. Wodurch ist es entflammt? Durch der Begierde Feuer, durch des Hasses Feuer, durch der Verblendung Feuer ist es entflammt, durch Geburt, Alter, Tod, Schmerz, Klagen, Leid, Kümmernis und Verzweiflung ist es entflammt. Wer es also ansieht, ihr Mönche, ein weiser, edler Hörer des Worts wendet sich ab vom

Auge, wendet sich ab vom Sichtbaren, wendet sich ab vom Erkennen vermöge des Auges, wendet sich ab von der Berührung des Auges mit dem Sichtbaren, wendet sich ab vom Empfinden, das infolge der Berührung des Auges mit dem Sichtbaren entsteht, sei es Freude, sei es Schmerz, sei es nicht Schmerz, sei es nicht Freude. Er wendet sich ab von der Nase, der Zunge, dem Körper, dem Denken. Indem er sich davon abwendet, wird er frei vom Begehren. Durch Freiheit von Begehren wird er erlöst. Im Erlösen entsteht die Erkenntnis: Ich bin erlöst. Vernichtet ist die Geburt, vollendet der heilige Wandel, erfüllt die Pflicht; keine Rückkehr gibt es mehr zu dieser Welt.«

Tätig oder untätig sein?

»In einer Hinsicht kann man von mir allerdings mit Recht behaupten, daß ich die Untätigkeit lehre, in einer anderen Hinsicht aber, daß ich die Tätigkeit lehre. – In einer Hinsicht kann man mich mit Recht als einen Lehrer der Vernichtung bezeichnen – als einen Verächter – einen Verneiner.

In einer anderen Hinsicht aber kann man von mir mit Recht behaupten, daß ich ein Tröster bin, der zur Tröstung das Gesetz verkündet und in diesem Sinne seine Jünger erzieht.

Ich nämlich lehre die Nichtausübung eines bösen Wandels in Werken, Worten und Gedanken, die Nichtausübung der mannigfachen, schuldvollen Dinge: in dieser Hinsicht kann man von mir mit Recht behaupten, daß ich die Untätigkeit lehre, daß ich zum Zwecke der Untätigkeit das Gesetz verkünde.

Ich lehre die Ausübung des guten Wandels in Werken, Worten und Gedanken, die Ausübung der mannigfachen verdienstvollen Dinge: in dieser Hinsicht kann man von mir mit Recht behaupten, daß ich die Tätigkeit lehre, daß ich zum Zwecke der Tätigkeit das Gesetz verkünde und in diesem Sinne meine Jünger erziehe...«

Die Welt als Wille

»Sollten, ihr Mönche, andersgläubige Pilger fragen, worin wohl die sämtlichen Erscheinungen wurzeln, wodurch sie erzeugt werden, woraus sie entstehen, was sie zusammenhält, worin sie gipfeln, wodurch sie beherrscht werden, was ihr Höchstes ist, ihr Kern, ihre Zuflucht und ihr Endziel, so habt ihr ihnen auf diese Fragen also zu erwidern: ›Im Willen, ihr Brüder, wurzeln alle Erscheinungen, durch Aufmerksamkeit werden sie erzeugt, aus dem Sinneneindrucke entstehen sie, das Gefühl hält sie zusammen, in der Sammlung wurzeln sie, durch Achtsamkeit werden sie beherrscht, die Einsicht ist ihr Höchstes, die Befreiung ihr Kern, das Todlose ist ihre Zuflucht und ihr Endziel das Nirwana.‹«

Das Nirwana

»Nirwana, Nirwana, so sagt man. Was ist nun das Nirwana?«

»Der Begier Ende, des Hasses Ende, der Verblendung Ende: das, mein Freund, nennt man das Nirwana.«

»Ein Glück, o Brüder, ist das Nirwana! Ein Glück, o Brüder, ist das Nirwana!«

Auf diese Worte sprach der ehrwürdige Udayi also: »Wie kann denn, o Bruder, dort ein Glück bestehen, wo es keine Gefühle mehr gibt?«

»Darin besteht ja gerade das Glück, daß es dort keine Gefühle mehr gibt.«

Das Reich des Bösen

Zu der Zeit unterwies der Erhabene die Mönche mit Lehrreden über das Nirwana, ermahnte sie, trieb sie an und erfreute sie.

Und die Mönche nahmen seine Rede gläubig an, beherzigten sie, erwogen sie mit allen ihren Gedanken und taten ihr Ohr auf, die Lehre zu hören.

Da dachte Mara, der Böse: »Dieser Asket Gotama unterweist die Mönche mit Lehrreden über das Nirwana... Ich will zum Asketen Gotama hingehen, um ihm das Augenlicht zu rauben.«

Da nahm Mara, der Böse, die Gestalt eines Akkersmannes an, nahm einen großen Pflug auf die Schulter, nahm einen langen Treibstock in die Hand, und mit wirrem Haar, in hänfenes Gewand gekleidet, die Füße von Lehm beschmutzt, ging er zum Erhabenen und sprach zu ihm:

»Hast du vielleicht Stiere gesehen, Asket?«

»Was willst du mit Stieren, Böser?«

»Mein ist das Auge, Asket. Mein ist alles Sichtbare. Mein ist das Reich des Erkennens, das aus der Berührung des Auges mit Sichtbarem entsteht. Wohin willst du gehen, Asket, von mir frei zu werden? Mein ist das Ohr... die Nase... die Zunge... der Leib... das Denken, Asket. Mein sind alle Gedankendinge. Mein ist das Reich des Erkennens, das aus der Berührung des Denkens mit Gedankendingen entsteht. Wohin willst du gehen, Asket, von mir frei zu werden?«

»Dein ist das Auge, Böser. Dein ist alles Sichtbare. Dein ist das Reich des Erkennens, das aus der Berührung des Auges mit Sichtbarem entsteht. Wo es aber kein Auge gibt, Böser, und kein Sichtbares und kein Reich des Erkennens, das aus der Berührung des Auges mit Sichtbarem entsteht, dahin ist der Weg dir verschlossen.«

Die Gewalt des Vollendeten

»Der Löwe, ihr Mönche, der König der Tiere, geht um die Abendzeit von seinem Lagerplatz. Ist er von seinem Lagerplatz gegangen, so gähnt er, blickt um sich nach den vier Himmelsgegenden und erhebt dreimal sein Löwengebrüll. Hat er dreimal sein Brüllen erhoben, geht er auf Beute aus.

Wenn nun die Tiere, ihr Mönche, den Löwen, den König der Tiere, brüllen hören, so werden sie in großer Zahl von Furcht, Schrecken, Zittern befallen. Die Höhlenbewohner gehen in ihre Höhlen, die Wassertiere ins Wasser, die Waldtiere in den Wald, die Vögel erheben sich in die Lüfte.

Und des Königs Elefanten, ihr Mönche, die in Dörfern und Flecken und Königsstädten mit festen Seilen angebunden sind, die zerreißen und zersprengen ihre Fesseln, und voll Furcht, Urin und Kot von sich lassend, fliehen sie hierhin und dorthin.

So hochmächtig, ihr Mönche, ist der Löwe, der König der Tiere, über allem Getier, von so hoher Gewalt und Majestät.

So ist es nun auch, ihr Mönche, wenn in der Welt ein Vollendeter erscheint, ein erhabener höchster Buddha, begabt mit Wissen und rechtem Tun, ein Wohlwandelnder, ein Welterkenner, ein Höchster, der Ungebändigten Bändiger und Lenker, der Götter und Menschen Lehrer, ein erhabener Buddha. Er verkündet die Lehre: Dies ist die Körperlichkeit, dies der Körperlichkeit Entstehung, dies der Körperlichkeit Aufhebung. Dies sind die Empfindungen... die Vorstellungen... die Gestaltungen... das Erkennen, dies des Erkennens Entstehung, dies des Erkennens Aufhebung.

So hochmächtig, ihr Mönche, ist der Vollendete über der Welt, von so hoher Gewalt und Majestät.«

So sprach der Erhabene.

Das unergründliche Wissen

Einstmals verweilte der Erhabene zu Kosambi im Simsapawalde. Da nahm der Erhabene wenige Simsapablätter in die Hand und sprach zu den Mönchen also:

»Was meint ihr, ihr Mönche: was ist mehr, die wenigen Simsapablätter, die ich in die Hand genommen habe, oder die andern Blätter droben im Simsapawalde?«

»Die wenigen Blätter, Herr, die der Erhabene in die Hand genommen hat, sind etwas Geringes. Viel mehr aber sind die anderen Blätter droben im Simsapawalde.«

»So ist auch, ihr Mönche, das viel mehr, was ich erkannt und euch *nicht* verkündet habe. Und weniger ist, *was* ich verkündet habe.

Und warum ist dieses, ihr Mönche, von mir nicht verkündet worden? Weil es nicht zweckdienlich ist, ihr Mönche, weil es nicht zu den Grundlagen heiligen Lebens gehört, weil es nicht zur Weltabkehr, nicht zur Leidenschaftslosigkeit, nicht zur Aufhebung, nicht zum Frieden, nicht zur Erkenntnis, nicht zur Erleuchtung, nicht zum

Nirwana führt. Darum ist dies von mir nicht verkündet.

Und was ist von mir verkündet, ihr Mönche? Dies ist das Leiden; das ist von mir verkündet, ihr Mönche. Dies ist die Entstehung des Leidens... Dies ist der Weg zur Aufhebung des Leidens; das ist von mir verkündet.

Und warum ist dies von mir verkündet, ihr Mönche? Weil es zweckdienlich ist, ihr Mönche, weil es zur Erleuchtung, zum Nirwana führt. Darum ist dies von mir verkündet.

So müßt ihr denn, ihr Mönche, eure Kraft setzen an den Gedanken: Dies ist das Leiden... Dies ist die Entstehung des Leidens... Dies ist die Aufhebung des Leidens... Dies ist der Weg zur Aufhebung des Leidens.«

Keine nutzlosen Fragen

Einstmals weilte der Erhabene in Campa, am Ufer des Gaggara-Sees. Da nun begab sich der Wandermönch Uttiya zum Erhabenen; dort angelangt, begrüßte er sich freundlich mit dem Erhabenen und ließ sich nach den üblichen Begrüßungsworten seitwärts nieder. Seitwärts sitzend sprach der Wandermönch so: »Ist wohl, Herr Gotama, die Welt ewig?«

»Darüber, Uttiya, habe ich nichts verkündet.«

»Ist dann, Herr Gotama, die Welt nicht ewig?«

»Auch darüber, Uttiya, habe ich nichts verkündet.«

»Ist nun, Herr Gotama, die Welt endlich?«

»Auch darüber, Uttiya, habe ich nichts verkündet.«

»Ist dann, Herr Gotama, die Welt nicht endlich?«

»Auch darüber, Uttiya, habe ich nichts verkündet.«

»Wie nun, Herr Gotama, sind Leben und Leib ein und dasselbe, oder ist ein anderes das Leben, ein anderes der Leib?«

»Auch darüber, Uttiya, habe ich nichts verkündet.«

»Wie nun, Herr Gotama, ist der Vollendete nach dem Tode? Ist er nicht nach dem Tode?«

»Auch darüber, Uttiya, habe ich nichts verkündet.«

»Wie nun, Herr Gotama? Auf die Frage: Ist die Welt ewig? Ist die Welt nicht ewig? Ist die Welt endlich? Ist die Welt nicht endlich? Sind Leben und Leib ein und dasselbe, oder ist ein anderes das Leben, ein anderes der Leib? Ist der Vollendete nach dem Tode? Ist er nicht nach dem Tode? Ist er und ist er nicht nach dem Tode? Ist er entweder oder nicht nach dem Tode? – auf alle diese Fragen antwortest du: ›Darüber, Uttiya, habe ich nichts verkündet.‹ Was hat denn nun eigentlich der Herr Gotama verkündet?«

»Die Lehre, Uttiya, die unmittelbar erschaute, zeige ich für die Schüler, zur Reinigung der Wesen, zur Überwindung von Gram und Verzweiflung, zur Aufhebung von Leiden und Elend, zur Erlangung rechter Wegführung, zur Verwirklichung des Verlöschens.«

»Wenn der Herr Gotama aber als solcher die Lehre, die unmittelbar erschaute, für die Schüler zeigt: so wird dabei die ganze Welt ausgehen oder doch die Hälfte oder ein Drittel.«

Auf diese Worte blieb der Erhabene stumm.

Da nun kam dem ehrwürdigen Anando der Gedanke: »Daß der Wandermönch Uttiya doch nur nicht in die falsche Ansicht gerate: ›Gerade auf die Frage nach den allergrundlegendsten Dingen gerät der Büßer Gotama in Verwirrung und gibt keine Erklärung; sicherlich traut er sich nicht.‹ Das würde dem Wandermönch Uttiya für lange Zeit zum Unheil, zum Leiden gereichen.«

»Somit, Freund Uttiya, werde ich dir einen Vergleich geben. Im Vergleich erkennen da manche denkenden Menschen den Sinn einer Rede. Gleich als wenn, Freund Uttiya, ein König eine Grenzstadt hätte, mit starken Mauern, mit starken Wällen und Türmen und nur einem Eingang. Der hätte einen Torhüter, weise, erfahren, klug, der Unbekannte fernhält, nur Bekannte einläßt. Der umwandelte diese Stadt von allen Seiten, die Straße ordnungsgemäß abgehend, und sähe weder einen Zwischenraum in der Mauer noch einen Spalt in der Mauer, und wäre es selbst so viel, daß eine Katze hindurch könnte. Dem würde dann der Gedanke kommen: ›Alle gröberen Lebewesen, die diese Stadt betreten oder verlassen, sie alle betreten und verlassen sie durch diesen Eingang.‹ Ebenso, Freund Uttiya, liegt dem Vollendeten nicht das am Herzen: ›Dabei wird die ganze Welt ausgehen oder doch die Hälfte oder ein Drittel‹; dabei denkt der Vollendete nur: ›Alle diejenigen, die aus der Welt ausgefallen sind oder ausfallen oder ausfallen werden, die alle sind aus der Welt ausgefallen oder fallen aus oder werden ausfallen, nachdem sie die fünf Hemmungen abgetan haben, die geistigen Befleckungen, die dem Wissen schädlichen; nachdem sie, auf die vier Grundlagen der Verinnerung wohl eingestellt, die sieben Erwachungen wirklichkeitsgemäß entwickelt haben.‹ Was du da, Freund Uttiya, den Erhabenen gefragt hast, das hast du eben von einem anderen Gesichtspunkt aus gefragt. Daher hat der Erhabene dir nicht geantwortet.«

Die edle Spur

»Wie, ihr Freunde, die Fußspur von allem, was da läuft, in des Elefanten Fußspur Platz findet und des Elefanten Fußspur für die höchste von allen andern gilt nach ihrer Größe, so finden auch, ihr Freunde, welche heilsamen Wesenheiten es immer gibt, alle ihre Zusammenfassung in den vier edlen Wahrheiten.

In welchen vieren?

In der edlen Wahrheit vom Leiden, in der edlen Wahrheit von der Entstehung des Leidens, in der edlen Wahrheit von der Aufhebung des Leidens und in der edlen Wahrheit vom Wege zur Aufhebung des Leidens.«

Die Last und der Lastträger

»Die Last, ihr Mönche, will ich euch zeigen und den Lastträger, und das Aufnehmen der Last und das Ablegen der Last. Das höret!

Was ist die Last, ihr Mönche?

Die fünferlei Objekte des Ergreifens: so muß man antworten. Welche fünf? Die Körperlichkeit als Objekt des Ergreifens, die Empfindungen... die Vorstellungen... die Gestaltungen... das Erkennen als Objekt des Ergreifens. Dies heißt die Last, ihr Mönche. Und wer ist der Lastträger, ihr Mönche? Die Person: so muß man antworten – der ehrwürdige Soundso von dem und dem Geschlecht. Der heißt der Lastträger, ihr Mönche.

Und was ist das Aufnehmen der Last, ihr Mönche? Es ist der Durst, der zur Wiedergeburt führt, samt Freude und Begier, hier und dort seine Freude findend: der Lüstedurst, der Werdedurst, der Vergänglichkeitsdurst. Dies heißt das Aufnehmen der Last, ihr Mönche.

Und was, ihr Mönche, ist das Ablegen der Last? Es ist die Aufhebung dieses Durstes durch restlose Vernichtung des Begehrens, ihn fahrenlassen, sich seiner entäußern, sich von ihm lösen, ihm keine Stätte gewähren. Dies heißt das Ablegen der Last, ihr Mönche.«

So sprach der Erhabene.

Die Wurzel des Leidens

»Mit dem Nichtwissen sind die Veranlagungen da; mit den Veranlagungen ist Bewußtsein da; mit dem Bewußtsein ist Geistkörperlichkeit da; mit der Geistkörperlichkeit ist Sechssinn da; mit dem Sechssinn ist Berührung da; mit Berührung ist Empfindung da; mit Empfindung ist Durst da; mit Durst ist Ergreifen da; mit Ergreifen ist Persönlichkeit da; mit Persönlichkeit ist Geburt da; mit Geburt kommen Altern und Sterben, Kummer, Elend, Leiden, Gram und Verzweiflung zustande.

So findet die Entstehung dieser ganzen Leidensmasse statt.«

Das Meer der Tränen

»Aus dem Endlosen, ihr Mönche, kommt die Wanderung. Kein Anfang läßt sich absehen, von welchem an die Wesen, im Nichtwissen befangen, vom Durst gefesselt, umherirren und wandern.

Es kommt ein Tag, ihr Mönche, wo der Große Ozean austrocknet und vertrocknet und nicht mehr ist. Nicht aber verkünde ich euch ein Ende, das die Leiden der im Nichtwissen befangenen, vom Durst gefesselten, umherirrenden und wandernden Wesen finden werden.

Es kommt ein Tag, ihr Mönche, wo der Sineru, der König der Berge, verbrennt, untergeht und nicht mehr ist. Es kommt ein Tag, ihr Mönche, wo die große Erde verbrennt, untergeht und nicht mehr ist. Nicht aber ein Ende, das die Leiden der im Nichtwissen Befangenen finden werden.

Aus dem Endlosen, ihr Mönche, kommt die Wanderung. Kein Anfang läßt sich absehen, von welchem an die Wesen, im Nichtwissen befangen, vom Durst gefesselt, umherirren und wandern.

Wie meint ihr, ihr Mönche? Was ist mehr, das Wasser in den vier großen Ozeanen oder die Tränen, die geflossen und von euch vergossen sind, wie ihr auf diesem weiten Weg umherirrtet und wandertet und jammertet und weintet, weil euch zuteil wurde, was ihr haßtet, und nicht zuteil wurde, was ihr liebtet?...

Durch lange Zeiten, ihr Mönche, habt ihr der Mutter Tod erfahren, habt des Vaters Tod erfahren, des Bruders Tod, der Schwester Tod, des Sohnes Tod, der Tochter Tod, Verlust der Verwandten, Verlust der Güter. Und wie ihr Verlust der Güter erfuhret, waren mehr die Tränen, die geflossen und von euch vergossen sind... als das Wasser in den vier großen Ozeanen. Und woher das? In der Ewigkeit, ihr Mönche, hat die Wanderung ihren Beginn...

So ist denn Ursache genug, ihr Mönche, sich von den Gestaltungen abzuwenden, vom Begehren nach ihnen sich zu befreien, die Erlösung zu gewinnen.«

Die drei Botschaften

»Drei Botschaften senden die Götter, ihr Mönche. Welche drei sind das?

Da wandelt jemand, übel in Gedanken, Worten und Werken. Wegen solch' übeln Wandelns in Gedanken, Worten und Werken geht er, wenn sein Leib zerbricht, jenseits des Todes den Unglücksweg, den bösen Gang, zur Verdammnis, zur Hölle. Den ergreifen, ihr Mönche, die Höllenwächter hier und dort an den Armen und bringen ihn vor den König Yama: ›Herr, dies ist ein Mann, der Mutter und Vater nicht geehrt hat, der Asketen und Brahmanen nicht geehrt, den Ältesten seines Geschlechts keine Ehre erwiesen hat. Über den mögest du, Herr, Strafe verhängen!‹

Dann befragt ihn und verhört ihn und redet mit ihm König Yama von der ersten Götterbotschaft: ›Sage mir, Mann, hast du nicht gesehen, wie unter den Menschen die erste Götterbotschaft erschienen ist?‹

Und er antwortet: ›Das habe ich nicht gesehen, Herr!‹ Dann spricht König Yama zu ihm: ›Sage mir, Mann, hast du nicht unter den Menschen eine

Frau oder einen Mann gesehen, achtzig oder neunzig oder hundert Jahre alt, greis, gekrümmt wie ein Gabeldach, gebückt, auf einen Stab gestützt, einherwandernd, schwach, der Jugendkraft bar, mit gebrochenen Zähnen, ergraut, kahl; er wackelt mit dem Kopf, ist runzlig und an allen Gliedern mit Flecken bedeckt?‹

Und er antwortet: ›Das habe ich gesehen, Herr!‹

Dann spricht König Yama zu ihm: ›Sage mir, Mann, da du doch verständig genug und alt genug warst, hast du da nicht zu dir gesagt: Auch ich bin dem Alter unterworfen und von des Alters Macht nicht frei. Wohlan denn, ich will Gutes tun in Gedanken, Worten und Werken?‹

Und er antwortet: ›Das hab' ich nicht vermocht, Herr. Das hab' ich im Leichtsinn versäumt.‹

Dann spricht König Yama zu ihm: ›Höre, Mann, aus Leichtsinn hast du nichts Gutes getan in Gedanken, Worten und Werken. Wahrlich Mann, man wird dir tun, wie einem Leichtsinnigen gebührt. Deine bösen Taten hat nicht deine Mutter getan und hat nicht dein Vater getan, nicht dein Bruder und nicht deine Schwester, nicht deine Freunde und Hausgenossen und nicht deine Verwandten und Blutsfreunde, nicht Götter, nicht Asketen und Brahmanen. Du allein hast deine bösen Taten getan, und du allein sollst ihren Lohn ernten.‹ Wenn König Yama ihn so, ihr Mönche, über die erste Götterbotschaft befragt und verhört und davon mit ihm geredet hat, befragt und verhört er ihn und redet mit ihm von der zweiten Götterbotschaft: ›Sage mir, Mann, hast du nicht gesehen, wie unter den Menschen die zweite Götterbotschaft erschienen ist?‹

Und er antwortet: ›Das habe ich nicht gesehen, Herr!‹

Dann spricht König Yama zu ihm: ›Sage mir, Mann, hast du nicht unter den Menschen eine Frau oder einen Mann gesehen, krank, leidend, voll schweren Siechtums, daliegend in seinem eigenen Urin und Kot, von andern aufgerichtet, von andern niedergelegt?‹

Und er antwortet: ›Das habe ich gesehen, Herr!‹

Dann spricht König Yama zu ihm: ›Sage mir, Mann, da du doch verständig genug warst und alt genug warst, hast du da nicht zu dir gesagt: Auch ich bin der Krankheit unterworfen und von der Krankheit Macht nicht frei. Wohlan denn, ich will Gutes tun in Gedanken, Worten und Werken –?‹

Und er antwortet: ›Das habe ich nicht vermocht, Herr. Das hab' ich im Leichtsinn versäumt.‹

Dann spricht König Yama zu ihm: ›Sage mir,

Mann, hast du nicht unter den Menschen eine Frau oder einen Mann gesehen, tot seit einem Tage, oder tot seit zwei Tagen, oder tot seit drei Tagen, geschwollen, voll blauer Flecken mit fauligem Ausfluß?‹

Und er antwortet: ›Das hab' ich gesehen, Herr!‹

Dann spricht König Yama zu ihm: ›Höre, Mann, aus Leichtsinn hast du nichts Gutes getan in Gedanken, Worten und Werken. Wahrlich, Mann, man wird dir tun, wie einem Leichtsinnigen gebührt. Deine bösen Taten hat nicht deine Mutter getan und hat nicht dein Vater getan, nicht dein Bruder und nicht deine Schwester, nicht deine Freunde und Hausgenossen und nicht deine Verwandten und Blutsfreunde, nicht Götter, nicht Asketen und Brahmanen. Du allein hast deine bösen Taten getan, und du allein sollst ihren Lohn ernten.‹

Wenn König Yama ihn so, ihr Mönche, über die dritte Götterbotschaft befragt und verhört und darüber mit ihm geredet hat, schweigt er still.

Dann nehmen die Höllenwächter, ihr Mönche, mit ihm vor, was man die fünffache Fesselung nennt. Sie treiben einen glühenden eisernen Pflock durch seine Hand, treiben einen glühenden eisernen Pflock durch seine andere Hand... durch seinen Fuß ... durch seinen anderen Fuß ... mitten durch die Brust. Da leidet er qualvolle, bittere, scharfe, stechende Schmerzen, und er stirbt nicht, solange seine böse Tat nicht abgebüßt ist.«

Kurz ist das Leben

Einstmals verweilte der erhabene Buddha zu Rajagaha, im Veluvana, dem Kalandakanivapa.

Da sprach der Erhabene zu den Mönchen: »Ihr Mönche!« »Herr und Meister«, so erwiderten die Mönche dem Erhabenen. Und der Erhabene sprach also:

»Ihr Mönche, dies Menschenleben ist kurz. Ins Jenseits geht man. Tugend muß man üben. In Helligkeit muß man wandeln. Nichts Geborenes ist dem Tod entnommen. Wer lange lebt, ihr Mönche, der lebt hundert Jahre oder um ein weniges länger...«

Die Vergänglichkeit

»Gibt es, Herr, für das, was geboren ist, ein Dasein ohne Alter und Tod?«

»Es gibt kein Dasein, großer König, ohne Alter und Tod. Und auch die großen Herren vom Adel, die in allem Wohlstand leben, die reich sind an Besitz und Habe, die Gold und Silber in Menge besitzen, und Reichtümer und alles, dessen sie bedürfen, in Menge besitzen, und Schätze und Getreide in Menge besitzen: auch für sie, wie sie geboren sind, gibt es kein Dasein ohne Alter und Tod.

Und auch für die großen Herren vom Brahmanenstande und die großen Herren vom Bürgerstande, die in allem Wohlstand leben... gibt es kein Dasein ohne Alter und Tod.

Und auch die Mönche, großer König, die heiligen, die alles Verderben abgetan haben, die den heiligen Wandel erfüllt, ihr Werk getan, ihre Last abgelegt, das Ziel des Heiles erreicht, die Fesseln des Werdens zerbrochen, in voller Erkenntnis die Erlösung gefunden haben: auch ihr Leib muß zerbrechen, und sie müssen ihn von sich legen.«

Der große Pflug

»Der Gedanke an die Vergänglichkeit, ihr Mönche, wenn man ihn in sich fördert und ihm weiten Raum gibt, erfaßt alle Begier, die sich auf Lust richtet, alle Begier, die sich auf Gestalt richtet, alle Begier, die sich auf Werden richtet, alles Nichtwissen, allen Stolz des ›Ich bin‹, und vernichtet alles das.

Wie in der Herbstzeit, ihr Mönche, ein Pflüger mit einem großen Pfluge pflügt und alles Wurzelgeflecht zerreißt, so erfaßt auch der Gedanke an die Vergänglichkeit, ihr Mönche, wenn man ihn in sich fördert, alle Begier... allen Stolz des ›Ich bin‹.«

Der Atem der Welt

»Alles, was geworden, zusammengemacht, erdacht, in Abhängigkeit entstanden ist, das ist vergänglich; was vergänglich ist, das ist leidvoll; was leidvoll ist, das durchschaue ich wirklichkeitsgemäß, mit vollendeter Weisheit als: ›Das gehört mir nicht, das bin ich nicht, das ist nicht mein Selbst‹, und darüber hinaus erkenne ich wirklichkeitsgemäß das Entrinnen.

Ein Mönch, der einen Leichnam auf den Begräbnisplatz hingeworfen sähe, von Krähen zerfressen, von Raubvögeln zerfressen, von Geiern zerfressen, von Hunden zerfressen, von Schakalen zerfressen, von allerhand kleinen Lebewesen zerfressen, der zieht dabei seinen eigenen Körper zum Vergleich heran: Auch dieser Körper ist ja von solcher Natur, solches steht ihm bevor, von solchem ist er nicht ausgenommen.«

Von der Nichtigkeit

»Wie wenn, ihr Mönche, dieser Gangesstrom eine große Schaummasse mit sich führte; die sähe ein Mann mit scharfem Auge an, dächte darüber nach und prüfte sie gründlich – und wenn er sie ansieht, nachdenkt und sie gründlich prüft, erscheint sie ihm leer und nichtig und ohne Kern, denn was für einen Kern, ihr Mönche, hätte wohl eine Schaummasse? –

Ebenso, ihr Mönche, steht es mit aller Körperlichkeit, die es nur immer geben mag, vergangener, künftiger, gegenwärtiger, in uns oder außerhalb, stark oder zart, gering oder hoch, in Ferne oder Nähe; die sieht der Mönch an, denkt über sie nach und prüft sie gründlich. Und wenn er sie ansieht, nachdenkt und sie gründlich prüft, erscheint sie ihm leer und nichtig und ohne Kern: Denn was für einen Kern, ihr Mönche, hätte wohl die Körperlichkeit?

Wie wenn, ihr Mönche, in der Herbstzeit der Himmel regnet und mächtiges Spritzen sich erhebt, und dann im Wasser eine Blase entsteht und wieder platzt; die sähe ein Mann mit scharfem

Auge an. Und wenn er sie ansieht, nachdenkt und sie gründlich prüft, erscheint sie ihm leer und nichtig und ohne Kern: Denn was für einen Kern, ihr Mönche, hätte wohl eine Wasserblase?

Ebenso, ihr Mönche, steht es mit allen Empfindungen und Vorstellungen, die es nur immer geben mag... Ebenso mit allem Erkennen, mit vergangenem, künftigem, gegenwärtigem, in uns oder außerhalb, stark oder zart, gering oder hoch, in Ferne oder Nähe: das sieht der Mönch an, denkt darüber nach und prüft es gründlich. Und wenn er es ansieht, nachdenkt und es gründlich prüft, erscheint es ihm leer und nichtig und ohne Kern: denn was für einen Kern, ihr Mönche, hätte wohl das Erkennen?«

Das ruhige Herz

»Folgende drei Menschen, ihr Jünger, sind in der Welt anzutreffen: welche drei? Der Hoffnungslose, der Hoffnungsvolle und der Hoffnungsgestillte...

Welcher Mensch aber, ihr Jünger, gilt als hoffnungsgestillt? Da, ihr Jünger, ist einer ein Wahnerloschener. Der erfährt: Ein Mönch mit solchem Namen, heißt es, hat durch Vernichtung des Wahns noch bei Lebzeiten die wahnlose Gemütserlösung und Weisheitserlösung erlangt, selber erkannt und verwirklicht!

In Selbstzucht wohlbereitete Vertiefung bringt große Frucht, bringt großen Lohn. In Vertiefung wohlbereitete Weisheit bringt großen Lohn. Der in Weisheit wohlbereitete Geist wird ganz und gar von den Trieben befreit, nämlich: dem Sinnlichkeits-Trieb, dem Daseins-Trieb, dem Glaubens-Trieb, dem Nichtwissens-Trieb.«

Suche Frieden

»Vergänglich, ihr Mönche, sind die Gebilde! Trostlos, ihr Mönche, sind die Gebilde! Genug ist es, um aller Gebilde überdrüssig zu sein, genug, um sich von ihnen abzuwenden, genug, um sich davon zu erlösen.

Gewinn, Verlust, Verehrung und Verachtung, so Lob wie Tadel, Unglück sowie Glück: Gar wandelbar sind diese Weltgesetze, voll Unbestand, dem Wechsel ausgesetzt. Der Weise, der Besonnene, durchschauend, erkennt sie als dem Wechsel unterworfen. Erwünschte Dinge martern seinen Geist nicht mehr, und auch bei unerwünschten Dingen kommt ihm kein Verdruß. In ihm ist Neigung wie Gehäßigkeit zerstört, vergangen, kann nicht mehr bestehen: Er kennt die sorgenfreie Stätte, ist zu dem andern Ufer hingelangt.

Das Leben schwindet hin; kurz ist das Dasein. Das Alter reißt uns weg. Nichts kann uns retten. Des Todes drohende Gefahr erkennend soll gutes Werk man tun, das Freudenlohn bringt. Das Leben schwindet hin; kurz ist das Dasein. Das Alter reißt uns weg. Nichts kann uns retten. Des Todes drohende Gefahr erkennend verlasse man die Weltlust, suche Frieden.«

Irrlicht des Geistes

Einstmals verweilte der Erhabene zu Savatthi, im Jetavana, dem Garten des Anathapindika. Da sprach der Erhabene zu den Mönchen: »Ihr Mönche!« »Herr und Meister!« erwiderten die Mönche dem Erhabenen. Der Erhabene aber redete also:

»Auch ein Alltagsmensch, ihr Mönche, der die Lehre nicht vernommen hat, mag sich wohl von diesem Körper, der aus den vier Elementen gebildet ist, abwenden, von Begehren danach frei werden, sich von ihm lösen. Und warum das? Weil man bei diesem Körper, ihr Mönche, der aus den vier Elementen gebildet ist, Wachsen wahrnimmt und Verfall, In-sich-Aufnehmen und Von-sich-Fortgehen. Deshalb mag auch ein Alltagsmensch, der die Lehre nicht vernommen hat, sich davon abwenden, von Begehren danach frei werden, sich davon lösen.

Was aber, ihr Jünger, Geist genannt wird oder Denken oder Erkennen, davon sich abzuwenden, von Begehren danach frei zu werden, sich davon zu lösen ist ein Alltagsmensch, der die Lehre nicht vernommen hat, nicht imstande. Und warum nicht? Weil durch lange Zeit, ihr Mönche, der Alltagsmensch, der die Lehre nicht vernommen hat, es festgehalten, es sich zu eigen gemacht, es in sich bewegt hat: ›Dies ist mein. Dies bin ich. Dies ist mein Selbst.‹ Deshalb ist ein Alltagsmensch, der die Lehre nicht vernommen hat, nicht imstande, sich davon abzuwenden, vom Begehren danach frei zu werden, sich davon zu lösen. Es wäre aber immer noch besser, ihr Mönche, hielte ein Alltagsmensch, der die Lehre nicht vernommen hat, diesen aus den vier Elementen gebildeten Körper für das Selbst, als den Geist. Und warum das?

Der aus den vier Elementen gebildete Körper, ihr Mönche, kann wohl ein Jahr lang als bestehend erscheinen oder zwei Jahre lang... oder hundert Jahre lang oder noch länger. Was aber, ihr Jünger, Geist genannt wird oder Denken oder Erkennen, das entsteht und vergeht, immer wechselnd Tag und Nacht. Wie ein Affe, ihr Mönche, der in einem Walde, einem Gehölz umherstreift, einen Ast ergreift und den fahren läßt und einen andern ergreift, so entsteht und vergeht, was Geist genannt wird oder Denken oder Erkennen, immer wechselnd Tag und Nacht.«

Frei von Schmerzen

Einstmals verweilte der Erhabene zu Savatthi, im Obstgarten, im Palast der Migaramata. Zu der Zeit nun war eine Enkelin der Visakha Migaramata gestorben, die sie liebte und die ihre Freude war. Da kam Visakha Migaramata zur heißen Tageszeit mit nassem Gewand und nassem Haar zum Erhabenen, brachte ihm ehrfurchtsvollen Gruß und setzte sich zu seiner Seite nieder.

Wie sie an seiner Seite saß, sprach der Erhabene zu Visakha Migaramata: »Warum, Visakha, bist du zur heißen Tageszeit hierhergekommen mit nassem Gewand und nassem Haar?«

»Meine Enkelin, Herr, ist gestorben, die ich liebte und die meine Freude war. Darum bin ich zur heißen Tageszeit hierhergekommen mit nassem Gewand und nassem Haar!«

»Würdest du dir nun wünschen, Visakha, so viele Söhne und Enkel zu haben, wie Menschen in Savatthi sind?«

»Das möchte ich mir wohl wünschen, Herr, so viele Söhne und Enkel, wie Menschen in Savatthi sind.«

»Wie viele Menschen sterben nun wohl, Visakha, täglich in Savatthi?«

»In Savatthi, Herr, sterben täglich zehn Menschen oder auch neun Menschen oder auch acht ... sieben ... sechs ... fünf ... vier ... drei ... zwei oder auch ein Mensch. In Savatthi, Herr, findet das Sterben der Menschen kein Ende.«

»Wie meinst du nun, Visakha, würdest du dann irgendwann und irgendeinmal kein nasses Gewand und kein nasses Haar haben?«

»Das würde ich nie, Herr. Genug also, Herr, so vieler Söhne und Enkel!«

»Wer hundertfaches Liebes hat, Visakha, für den gibt es hundertfaches Leid. Wer neunzigfaches Liebes hat, für den gibt es neunzigfaches Leid ... Wer ein Liebes hat, für den gibt es ein Leid; wer kein Liebes hat, für den gibt es kein Leid. Frei von Schmerz, frei von Unreinheit, frei von Verzweiflung sind sie: so sage ich.«

Die Lampe in der Dunkelheit

An die Pilger richtet der Erhabene, Verehrungswürdige, Voll-Erwachte, das übliche Gespräch, nämlich: das Gespräch über das Geben, das Gespräch über die Zucht, das Gespräch über eine bessere Welt; der Begierden Elend, Nichtigkeit, Schmutz und den Segen im Entsagen verkündete er. Als dann der Erhabene erkannte, daß ihr Geist gut vorbereitet sei, geschmeidig, frei von Hindernissen, emporgerichtet, befriedigt, dann verkündete er von Leiden, Entstehung, Vernichtung, Weg. Und wie wohl ein reines Gewand, frei von Schmutzflecken, durch und durch die Färbung annimmt, ebenso auch ging da jenen vierundachtzigtausend Pilgern auf der Stelle das reine, fleckenlose Wahrheits-Auge auf: ›Was da auch immer dem Entstehen unterworfen ist, alles das ist auch dem Aufhören unterworfen.‹ Und sie, die die Lehre gesehen, die Lehre erfaßt, die Lehre erkannt, die Lehre durchdrungen hatten, dem Zweifel entronnen, frei von Schwanken, voll von Zutrauen, sprachen zu dem Erhabenen, Verehrungswürdigen, Voll-Erwachten so: »Vortrefflich, o Herr! Vortrefflich, o Herr! Gleich als wenn man, o Herr, Umgestürztes wieder aufrichtete oder Verdecktes enthüllte oder einem Verirrten den Weg zeigte oder eine Lampe in der Dunkelheit hielte: Die da Augen haben, werden die Dinge sehen...«

Vom Suchen

»Zweierlei Suchen gibt es, ihr Mönche: edles Suchen und unedles Suchen. Und was ist unedles Suchen, ihr Mönche? Da sucht jemand, der selbst der Geburt untertan ist, nach dem, das gleichfalls der Geburt untertan ist. Jemand, der selbst dem Alter untertan ist, sucht nach dem, das gleichfalls dem Alter untertan ist. Jemand, der selbst der Krankheit... dem Tod... den Schmerzen... der Verderbtheit untertan ist, sucht nach dem, das gleichfalls der Verderbtheit untertan ist.

Und was, ihr Mönche, würdet ihr wohl der Geburt untertan nennen? Weib und Kind, ihr Mönche, sind der Geburt untertan; Knecht und Magd sind der Geburt untertan; Ziegen und Schafe sind der Geburt untertan; Hühner und Schweine sind der Geburt untertan; Elefanten, Rinder, Hengste und Stuten sind der Geburt untertan; Gold und Silber ist der Geburt untertan. Der Geburt untertan, ihr Mönche, sind alle diese Daseinselemente. Davon gefesselt, verblendet, besessen sucht man, selbst der Geburt untertan, nach dem, das gleichfalls der Geburt untertan ist. Dies, ihr Mönche, ist unedles Suchen. Und was ist edles Suchen, ihr Mönche? Da erkennt, ihr Mönche, jemand, der selbst der Geburt untertan ist, das Elend, das dem Gesetz der Geburt innewohnt, und er sucht nach dem von Geburt freien höchsten Gewinn und Wohlsein, dem Nirwana.

Jemand, der selbst dem Alter untertan ist... der Krankheit... dem Tode... den Schmerzen... der Verderbtheit untertan ist, erkennt das Elend, das dem Gesetz der Verderbtheit innewohnt, und sucht nach dem von Verderbtheit freien höchsten Gewinn und Wohlsein, dem Nirwana. Dies, ihr Mönche, ist edles Suchen.«

Die beiden Räder

Einstmals verweilte der Erhabene zu Benares, im Wildpark Isipatana. Da sprach der Erhabene zu den Mönchen: »Ihr Mönche!« »Herr und Meister!« erwiderten die Mönche dem Erhabenen. Und der Erhabene redete also:

»Es war einmal, ihr Mönche, ein König mit Namen Pacetana. Und König Pacetana, ihr Mönche, sprach zu seinem Wagenbauer: ›Heute über sechs Monate, mein lieber Wagenbauer, werde ich eine Schlacht schlagen. Kannst du mir wohl, lieber Wagenbauer, ein Paar neue Räder machen.‹ – ›Gewiß kann ich das, Herr‹, sagte der Wagenbauer dem König Pacetana zu.

Da brachte der Wagenbauer, ihr Mönche, in sechs Monaten weniger sechs Tagen das eine Rad zustande. Und König Pacetana sprach zum Wagenbauer: ›Heute über sechs Tage, mein lieber Wagenbauer, wird die Schlacht stattfinden. Ist das Paar neue Räder fertig?‹ – ›In diesen sechs Monaten weniger sechs Tagen, Herr, habe ich das eine Rad angefertigt.‹ – ›Wirst du mir denn, lieber Wagenbauer, in den sechs Tagen auch das zweite Rad anfertigen können?‹ – ›Gewiß kann ich das, Herr‹, sagte der Wagenbauer dem König Pacetana zu.

Da machte der Wagenbauer, ihr Mönche, in sechs Tagen auch das zweite Rad fertig, nahm das Paar neue Räder, ging damit zum König Pacetana und sprach zu ihm: ›Hier ist das Paar neue Räder fertig, Herr.‹ – ›Nun sage mir, lieber Wagenbauer: zwischen jenem Rade, das du in sechs Monaten weniger sechs Tagen angefertigt hast, und diesem Rade, das du in sechs Tagen angefertigt hast: was ist da für ein Unterschied? Ich kann keinen Unterschied erkennen.‹ – ›Ein Unterschied, Herr, ist doch vorhanden. Wolle der Herr sich von dem Unterschied überzeugen!‹

Da ließ der Wagenbauer das Rad rollen, das er in sechs Tagen angefertigt hatte. Wie er das rollen ließ, lief es, soweit der erhaltene Antrieb reichte, und dann drehte es sich im Kreis herum und fiel zu Boden. Dann ließ er das Rad rollen, das er in sechs Monaten weniger sechs Tagen angefertigt hatte. Wie er das rollen ließ, lief es, soweit der erhaltene Antrieb reichte, und dann blieb es stehen: man hätte denken können, es wäre an der Achse befestigt.

›Was ist nun der Grund, mein lieber Wagenbauer, was ist die Ursache, daß jenes Rad, das in sechs Tagen angefertigt ist, wie du es rollen ließest, gelaufen ist, soweit der erhaltene Antrieb reichte, und sich dann im Kreise herumgedreht hat und zu Boden gefallen ist? Und was ist der Grund, mein lieber Wagenbauer, was ist die Ursache, daß dieses Rad, das in sechs Monaten weniger sechs Tagen angefertigt ist, wie du es rollen ließest, gelaufen ist, soweit der erhaltene Antrieb reichte, und dann stehen geblieben ist: man hätte denken können, es wäre an der Achse befestigt?‹ ›Das Rad, Herr, das in sechs Tagen angefertigt ist, dessen Radkranz ist voll von Verkrümmungen, Fehlern, Unreinheiten. Und seine Speichen sind voll von Verkrümmungen, Fehlern, Unreinheiten. Und seine Nabe ist voll von Verkrümmungen, Fehlern, Unreinheiten. Und wegen dieser Verkrümmungen, Fehler und Unreinheiten des Radkranzes und der Speichen und der Nabe ist dies Rad, wie ich es rollen ließ, gelaufen, soweit der erhaltene Antrieb reichte, und hat sich dann im Kreise herumgedreht und ist zu Boden gefallen. Das Rad aber, Herr, das in sechs Monaten weniger sechs Tagen angefertigt ist, dessen Radkranz ist frei von Verkrümmungen, Fehlern, Unreinheiten, und seine Speichen... und seine Nabe... und wegen dieser Freiheit des Radkranzes und der Speichen und der Nabe von Verkrümmungen, Fehlern, Unreinheiten ist dies Rad, wie ich es rollen ließ, gelaufen, soweit der erhaltene Antrieb reichte, und ist dann stehengeblieben: man hätte denken können, es wäre an der Achse befestigt.‹

Ihr meint nun vielleicht, ihr Mönche, der Wagenbauer damals sei irgendein andrer gewesen. Das müßt ihr nicht glauben, ihr Mönche. Ich selbst war damals jener Wagenbauer. So war ich damals, ihr Mönche, kundig aller Verkrümmungen und Fehler und Unreinheiten des Holzes. Jetzt aber, ihr Mönche, bin ich der heilige, höchste Buddha und bin kundig aller Verkrümmungen und Fehler und Unreinheiten des Leibes und der Rede und der Gedanken. Wo nur immer, ihr Mönche, einer nicht frei geworden ist von den Verkrümmungen und Fehlern und Unreinheiten am Leibe und an der Rede und an den Gedanken: die fallen von dieser Lehre und Ordnung nieder und zu Boden wie das Rad, das in sechs Tagen fertig geworden ist.

Und wo nur immer, ihr Mönche, einer frei geworden ist von den Verkrümmungen...: die bleiben feststehen in dieser Lehre und Ordnung wie das Rad, das in sechs Monaten weniger sechs Tagen fertig geworden ist. Darum, ihr Mönche, müßt ihr euch üben, indem ihr denkt: ›Wir wollen uns freimachen von allen Verkrümmungen und

Fehlern und Unreinheiten an unserem Leibe und an unsrer Rede und an unsern Gedanken‹: also, ihr Mönche, müßt ihr euch üben.«

Die Flamme des Leidens

»Wie wenn, ihr Mönche, aus Öl und Docht erzeugt, das Licht einer Öllampe brennte und ein Mann von Zeit zu Zeit Öl aufgösse und den Docht besorgte: dann würde, ihr Jünger, die Öllampe, da ihre Flamme solche Nahrung hat und solchen Brennstoff erfaßt, andauernd lange Zeit hindurch brennen.

So wird auch, ihr Mönche, in dem, der sich dem Reiz der Daseinsfesseln überläßt, der Durst gemehrt; aus dem Durst entsteht Ergreifen der Existenz...: dieses ist die Entstehung des ganzen Reiches des Leidens. Wie wenn, ihr Mönche, aus Öl und Docht erzeugt, das Licht einer Öllampe brennte und niemand von Zeit zu Zeit Öl aufgösse und den Docht besorgte: dann würde, ihr Jünger, die Öllampe, da der alte Brennstoff verzehrt ist und kein neuer hinzugetan wird, aus Mangel an Nahrung verlöschen.

So wird auch, ihr Mönche, in dem, der in der Erkenntnis von der Verderblichkeit der Daseinsfesseln verharrt, der Durst aufgehoben;

durch Aufhebung des Durstes wird das Eingreifen der Existenz aufgehoben...: dieses ist die Aufhebung des ganzen Reiches des Leidens.«

Vom rechten Tun und Lassen

»Töten lebender Wesen meidet der Asket; des Tötens lebender Wesen enthält er sich; er hat den Stock von sich getan; er scheut sich, andern weh zu tun; von Mitleid, von mitfühlender Sorge um aller Lebewesen Bestes ist er erfüllt...

Fremden Besitz zu nehmen, meidet der Asket; des Nehmens von fremdem Besitz enthält er sich; er nimmt nur, was man ihm gibt, wartet ab, ob man ihm gibt; von Diebsgelüsten frei, rein ist seine Seele... Unkeuschheit meidet er; er lebt in Keuschheit zurückhaltend, entsagend der Fleischeslust, wie die rohe Welt sie übt...

Lügnerische Rede meidet er; lügnerischer Rede enthält er sich. Er redet die Wahrheit, hält an der Abrede, ist gewiß, vertrauenswert, hält den Leuten sein Wort...

Verleumderische Rede meidet er; verleumderischer Rede enthält er sich. Was er hier gehört hat, sagt er nicht dort wieder, um den einen Zwietracht zu bringen; was er dort gehört hat, sagt er nicht hier wieder, um den andern Zwietracht zu bringen. So ist er der Entzweiten Vereiner, der Vereinten Förderer in ihrer Einigkeit, an Eintracht sich ergötzend, der Eintracht sich freuend, an Eintracht seine Lust findend, des Eintracht schaffenden Wortes Sprecher...

Harte Rede meidet der Asket; harter Rede enthält er sich. Unschuldige Rede, angenehm zu hören, liebreich, zu Herzen gehend, höflich, vielen lieb, vielen angenehm; solcher Rede Redner ist er.

Geschwätz meidet er; des Geschwätzes enthält er sich. Er redet zur rechten Zeit; wie es ist, so redet er; wie es Nutzen bringt, redet er; von der Lehre redet er; von der Ordnung redet er; Worte spricht er, in denen Schätze ruhen, zur rechten Zeit, wohl begründet, wohl umgrenzt, an Gehalt reich...«

Morgenröte der Weisheit

»Dem Sonnenaufgang, ihr Mönche, geht als Vorläufer und erstes Anzeichen die aufsteigende Morgenröte voraus. Ebenso auch, ihr Mönche, geht den verdienstvollen Erscheinungen als Vorläufer und erstes Anzeichen die rechte Erkenntnis voraus. Denn auf rechte Erkenntnis folgt rechte Gesinnung, auf rechte Gesinnung rechte Rede, auf rechte Rede rechtes Werk, auf rechtes Werk rechte Lebensweise, auf rechte Lebensweise rechtes Streben, auf rechtes Streben rechte Achtsamkeit, auf rechte Achtsamkeit rechte Sammlung, auf rechte Sammlung rechtes Wissen, auf rechtes Wissen rechte Befreiung.«

In der Einsiedelei

Der ehrwürdige Anando sprach zum Erhabenen so: »Da ist, o Herr, des Brahmanen Rammaka Einsiedelei nicht fern. Entzückend, o Herr, lieblich, o Herr, ist die Einsiedelei des Brahmanen Rammaka. Dankenswert wäre es, wenn der Erhabene sich zur Einsiedelei des Brahmanen Rammaka begeben wollte, aus Mitleid.«

Der Erhabene stimmte zu durch Stillschweigen. Da nun begab sich der Erhabene zur Einsiedelei des Brahmanen Rammaka. Zu jener Zeit nun saßen viele Mönche in der Einsiedelei des Brahmanen Rammaka in einem Gespräch über die Lehre beisammen.

Da nun blieb der Erhabene draußen vor dem Türeingang stehen, das Ende des Gesprächs abwartend. Da nun, nachdem der Erhabene das Ende des Gesprächs gemerkt hatte, räusperte er sich und rührte an dem hölzernen Türriegel. Die Mönche aber öffneten dem Erhabenen die Tür. Da nun trat der Erhabene in die Einsiedelei des Brahmanen Rammaka ein und ließ sich auf dem hergerichteten Sitz nieder. Nachdem er sich niedergelassen hatte, redete der Erhabene die Mönche an:

»Über welchem Gespräch, ihr Mönche, sitzt ihr jetzt hier beisammen, und was für eine Unterhaltung habt ihr unbeendet gelassen?«

»Ein den Erhabenen, o Herr, betreffendes Lehrgespräch haben wir unbeendet gelassen. Aber nun ist der Erhabene angekommen.«

»Gut, ihr Mönche! So, ihr Mönche, ziemt es sich für euch als Edelgeborene, die ihr aus Vertrauen aus dem Haus in die Hauslosigkeit hinausgegangen seid, daß ihr in einem die Lehre betreffenden Gespräch beisammen sitzt. Wenn ihr zusammenkommt, ihr Mönche, habt ihr eines von zweien zu üben: entweder belehrendes Gespräch oder edles Schweigen...«

Das große Erlöschen

»Einem Leidenszustand, wahrlich, ist diese Welt verfallen. Man wird geboren, man altert, man stirbt, man entschwindet und man taucht wieder auf. Ein Entrinnen aber aus diesem Leiden, dem Altern und Sterben, das kennt man nicht. Wann wird wohl ein Entrinnen aus diesem Leiden, dem Altern und Sterben gefunden werden?

Durch Aufhören von Bewußtsein hört Geist-Körperlichkeit auf, durch Aufhören von Geist-Körperlichkeit hört Berührung auf, durch Aufhören von Berührung hört Empfindung auf, durch Aufhören von Empfindung hört Lebensdurst auf, durch Aufhören von Lebensdurst hört Ergreifen auf, durch Aufhören von Ergreifen hört Werden auf, durch Aufhören von Werden hört Geburt auf, durch Aufhören von Geburt hört Altern und Sterben, Kummer, Jammer, Leiden, Elend und Verzweiflung auf.

So ist das Aufhören dieser ganzen Leidensmasse.«

Hilfsmittel der Weisheit

»Solange ihr das Hilfsmittel zur höchsten Weisheit ›Verinnerung‹ pflegen werdet; das Hilfsmittel zur höchsten Weisheit ›Lehrerwägung‹, das Hilfsmittel zur höchsten Weisheit ›Kraft‹, das Hilfsmittel zur höchsten Weisheit ›Freudigkeit‹ pflegen werdet; solange ihr das Hilfsmittel zur höchsten Weisheit ›Ruhe‹, das Hilfsmittel zur höchsten Weisheit ›Vertiefung‹, das Hilfsmittel zur höchsten Weisheit ›Gleichmut‹ pflegen werdet, da ist, ihr Mönche, Gedeihen zu erwarten, kein Verfall.«

Unrechtes Tun ist unklug

»Diese Nachteile, ihr Haushaber, hat der Zuchtlose durch Verletzung der sittlichen Zucht. Welche? Da trifft den Zuchtlosen infolge seiner Lässigkeit ein schwerer Verlust an Besitz. Das ist der erste Nachteil, den der Zuchtlose hat.

Und weiter geht von dem Zuchtlosen ein schlechter Ruf aus. Das ist der zweite Nachteil, den der Zuchtlose hat.

Und weiter, in was für eine Versammlung der Zuchtlose sich auch begeben mag – in die begibt er sich ohne Selbstvertrauen, voll innerem Unbehagen. Das ist der dritte Nachteil, den der Zuchtlose hat.

Und weiter noch, ihr Haushaber, scheidet der Zuchtlose, die sittliche Zucht Verletzende verstört aus diesem Leben.«

Die wahre Besonnenheit

»Wie ist ein Mönch gerüstet mit Achtsamkeit und Besonnenheit? Wenn da ein Mönch kommt und wenn er geht, so tut er es besonnen; wenn er hinblickt und umherblickt, so tut er es besonnen; wenn er sich beugt oder streckt, so tut er es besonnen; wenn er seine Gewänder trägt, so tut er es besonnen; wenn er ißt oder trinkt, kaut oder schluckt, so tut er es besonnen; wenn er geht, steht oder sitzt, schläft oder wacht, redet oder schweigt, so tut er es besonnen.

Gleichwie, ihr Mönche, an einem der Zweige und Blätter beraubten Baume auch Borke, Haut, Grünholz und Kernholz sich nicht vollkommen entwickeln können: ebenso, ihr Mönche, ist in dem Sittenlosen, der Sittlichkeit Entbehrenden auch die rechte Sammlung ohne Stütze, der wahrheitsgemäße Erkenntnisblick ohne Stütze...«

Der schlechte Einfluß

»Der Umgang mit schlechten Menschen bewirkt Vertrauenslosigkeit. Vertrauenslosigkeit bewirkt unweise Erwägung. Unweise Erwägung bewirkt Unachtsamkeit, und geistige Unklarheit bewirkt Zügellosigkeit der Sinne. Zügellosigkeit der Sinne bewirkt den dreifach bösen Wandel. Der dreifach böse Wandel... bewirkt den Daseinsdurst. Das also ist die Grundlage dieses Daseinsdurstes, und so kommt er zustande.

Folgende drei Wurzeln des Bösen gibt es, ihr Jünger: welche drei? Gier ist eine Wurzel des Bösen; Haß ist eine Wurzel des Bösen; Verblendung ist eine Wurzel des Bösen.

Wem, ihr Jünger, drei Dinge eignen, den hat man als Toren zu betrachten: welche drei? Schlechter Wandel in Werken, schlechter Wandel in Worten und schlechter Wandel in Gedanken. Wem, ihr Jünger, diese drei Dinge eignen, den hat man als Toren zu betrachten.«

Die Gemütserlösung

»Vollkommen in Sittlichkeit, vollkommen in Selbstversenkung gelangt der Mönch durch Vernichtung des Wahns schon bei Lebzeiten in den Besitz der wahnlosen Gemütserlösung und Wissenserlösung, indem er sie selber erkennt, selber verwirklicht. Keine neue Tat begeht er, und die alte Tat macht er, indem er sie nach und nach ablebt, zunichte: die sichtbare Versiegung, die zeitlose, einladende, zum Ziele führende...

Wie ein Stab, ihr Mönche, den man in die Höhe wirft, einmal mit seinem unteren Ende zum Boden niederfällt, einmal mit der Mitte und einmal mit der Spitze: so steht es auch, ihr Mönche, mit den Wesen, die gehemmt vom Nichtwissen und gefangen vom Durst umherirren und wandern.«

Die Zuflucht

»Seid selber euch Schutz, selber Zuflucht, nicht andere seien eure Zuflucht! Und wie ist einer sich selber Schutz, sich selber Zuflucht? Er weilt beim Körper in genauer Betrachtung des Körpers, eifrig, besonnen, einsichtig, nachdem er das Elend weltlicher Gier überwunden hat. Er weilt bei den Empfindungen in genauer Betrachtung der Empfindungen, er weilt beim Denken in genauer Betrachtung des Denkens, er weilt bei den Zuständen in genauer Betrachtung der Zustände, eifrig, besonnen, einsichtig, nachdem er das Elend weltlicher Gier überwunden hat. So sucht ein Mönch stets in sich selber Stütze, in sich selber Zuflucht, nicht in anderen Zuflucht.«

Das Elend der Völker

Einstmals weilte der Erhabene im Lande der Magadher, in Matula. Dort nun redete der Erhabene und sprach so: »Ein Mensch nahm von anderen etwas Nichtgegebenes in diebischer Absicht. Den ergriffen sie und brachten ihn vor den König, den gesalbten Fürsten: ›Dieser Mensch, o König, hat von anderen etwas Nichtgegebenes in diebischer Absicht genommen.‹

Auf diese Worte sprach der König, der gesalbte Fürst, zu jenem Menschen so: ›Ist das tatsächlich wahr, lieber Mann, daß du von anderen Nichtgegebenes genommen hast in diebischer Absicht?‹ – ›Es ist wahr, o König.‹ – ›Aus welchem Grunde?‹ – ›Ich habe nichts zu leben.‹

Da nun, ihr Mönche, ließ der König, der gesalbte Fürst, diesem Menschen Geld geben: ›Von diesem Gelde, lieber Mann, unterhalte du dich selber, ernähre Vater und Mutter, ernähre Weib und Kind, richte dir ein Geschäft ein, spende Gaben an Büßer und Brahmanen, Fördersame, Heilsame, Wohl-sich-Lohnende, Zu-Himmelsleben-Führende.‹

›Ja, o Herr‹, erwiderte da, ihr Mönche, jener Mensch dem König, dem gesalbten Fürsten.

Und auch ein anderer Mensch, ihr Mönche, nahm von anderen etwas ihm Nichtgegebenes in diebischer Absicht. Den ergriffen sie und brachten ihn vor den König, den gesalbten Fürsten: ›Dieser Mensch, o König, hat von anderen etwas ihm Nichtgegebenes in diebischer Absicht genommen.‹ – ›Aus welchem Grunde?‹ – ›Ich habe nichts zu leben.‹

Da nun, ihr Mönche, ließ der König, der gesalbte Fürst, diesem Menschen Geld geben. ›Von diesem Geld, lieber Mann, unterhalte du dich selber, ernähre Vater und Mutter, ernähre Weib und Kind, richte dir ein Geschäft ein, spende Gaben.‹

Und es hörten, ihr Mönche, die Leute: ›Alle diejenigen, heißt es, die von anderen Nichtgegebenes in diebischer Absicht nehmen, denen läßt der König Geld geben.‹ Daraufhin kam denen der Gedanke: ›Sollten nicht auch wir von anderen Nichtgegebenes nehmen in diebischer Absicht?‹ Da nun nahm wieder ein Mensch von anderen Nichtgegebenes in diebischer Absicht.

Da nun, ihr Mönche, dachte der König: ›Wenn ich jedem einzelnen, der von anderen Nichtgegebenes nimmt, Geld geben werde, so wird diese Unsitte sich ausbreiten. Sollte ich nicht bei diesem

Menschen gründlich den Riegel vorschieben, ganze Arbeit machen und ihm den Kopf abschlagen lassen?‹

Da nun, ihr Mönche, befahl der König, der gesalbte Fürst, seinen Leuten: ›So bindet denn, sage ich, diesem Menschen mit einem starken Strick die Arme fest auf den Rücken, schert ihn kahl, führt ihn unter kurzem Trommelwirbel von Straße zu Straße, von Platz zu Platz umher, geht dann aus dem südlichen Stadttor hinaus, und dort im Süden der Stadt schiebt gründlich den Riegel vor, macht ganze Arbeit, schlagt ihm den Kopf ab.‹

Und es hörten, ihr Mönche, die Leute: ›Alle diejenigen, heißt es, die von anderen Nichtgegebenes in diebischer Absicht nehmen, bei denen schiebt der König gründlich den Riegel vor, macht ganze Arbeit, läßt ihnen den Kopf abschlagen.‹ Daraufhin kam ihnen der Gedanke: ›Sollten wir uns nicht scharfe Schwerter besorgen und mit diesen bei denen, denen wir Nichtgegebenes nehmen in diebischer Absicht, gründlich den Riegel vorschieben, ganze Arbeit machen, ihnen den Kopf abschlagen?‹ Sie besorgten sich nun scharfe Schwerter und gingen daran, Dörfer zu berauben; gingen daran, Flecken zu berauben; gingen daran, Städte zu berauben. Und bei denen, denen sie Nichtgegebenes nahmen, bei denen schoben sie gründlich den Riegel vor, machten ganze Arbeit, schlugen ihnen den Kopf ab. So, ihr Mönche, weil den Unbemittelten kein Geld geliefert wurde, wuchs die Armut; weil die Armut wuchs, wuchs das Nehmen von Nichtgegebenem; weil das Nehmen von Nichtgegebenem wuchs, wuchs die Gewalttätigkeit; weil die Gewalttätigkeit wuchs, wuchs das Morden; weil das Morden wuchs, wuchs das Lügen; weil das Lügen wuchs, wuchs das Angeben; weil das Angeben wuchs, wuchs die Unkeuschheit; weil die Unkeuschheit wuchs, wuchs die rauhe Rede und müßiges Geschwätz; weil diese zwei Dinge wuchsen, wuchsen Begehrlichkeit und Böswilligkeit; weil Begehrlichkeit und Böswilligkeit wuchsen, wuchs falsche Ansicht; weil falsche Ansicht wuchs, wuchsen drei Dinge: die Sucht nach Ungesetzlichem, die Gier nach Unrechtem und falsche Lehre; weil diese drei Dinge wuchsen, wuchsen folgende Dinge: unkindliches Benehmen gegen die Mutter, unkindliches Benehmen gegen den Vater, mangelnde Ehrfurcht vor dem Oberhaupt der Familie. Diese Menschen wird heftiger Haß beherrschen, heftige Feindschaft, heftige Bösartigkeit, heftige Mordlust, eines gegen den anderen, und zwar der Mutter gegen den Sohn, des Sohnes gegen die Mutter; des Vaters gegen den

Sohn, des Sohnes gegen den Vater; des Bruders gegen den Bruder, des Bruders gegen die Schwester, der Schwester gegen den Bruder. – Sie werden gegeneinander Empfindungen gleich wilden Tieren hegen, scharfe Waffen werden in ihren Händen zu sehen sein, und mit scharfer Waffe, schreiend: ›Da! ein Tier! Da! ein Tier!‹ werden sie einander des Lebens berauben...«

Das Jenseits

»Der Hörer des Edlen, der diese unvergleichliche Klärung in Gleichmut und Verinnerlichung erreicht hat, der sieht mit dem himmlischen Auge, dem geklärten, dem Menschliches übersteigenden, die Wesen, wie sie entschwinden, wieder auftauchen, gemeine und feine, schöne und häßliche, glückliche und unglückliche, er erkennt die Wesen, wie sie gemäß dem Wirken ins Leben treten: Wahrlich, diese verehrten Wesen, die da in Taten schlechten Lebenswandel führen, in Worten, in Gedanken, die tauchen beim Zerfall des Körpers, nach dem Tode in Elend, in Unglück, in einem gesunkenen, höllischen Zustand wieder auf.

Wahrlich, die verehrten Wesen, die da in Taten guten Lebenswandel führen, in Worten, in Gedanken, die tauchen beim Zerfall des Körpers, nach dem Tode in einer glücklichen, himmlischen Welt auf.«

Die Welt nach dem Tode

»Es gibt eine Frucht, ein Ergebnis der guten und bösen Werke. Diese Welt ist eine Tatsache, und die nächste Welt ist eine Tatsache. Es gibt Vater, gibt Mutter, gibt geistgeborene Wesen...

Wegen Rechtschaffenheit in der Sittlichkeit, der Gesinnung oder den Ansichten, ihr Jünger, gelangen da die Wesen bei der Auflösung des Körpers, nach dem Tode, auf eine glückliche Fährte, in himmlische Welt.

Wer hienieden lebenden Wesen Gewalt antut, wer kein Erbarmen mit lebenden Wesen hat – ihn erkenne man als einen Verworfenen.

Wer tötet, wer Dörfer und Flecken belagert, wer als ein Bedrücker bekannt ist – ihn erkenne man als einen Verworfenen.

Wer, nachdem er eine schlechte Tat begangen hat, bei sich denkt: ›Man soll mich nicht erkennen!‹ – wer bei seinem Handeln das Ziel des Sich-Verschleierns verfolgt – ihn erkenne man als einen Verworfenen.«

Tödliche Leidenschaft

Es begab sich ein reicher Brahmane dorthin, wo der Erhabene weilte. Dort angelangt sprach er folgendes zum Erhabenen: »Was ist, Herr Gotama, die Ursache, was der Grund, daß zur jetzigen Zeit die Menschen dahinsiechen, sich Armut zeigt, Dörfer keine Dörfer, Märkte keine Märkte, Städte keine Städte und Länder keine Länder mehr sind?«

»Zur jetzigen Zeit, Brahmane, sind die Menschen in ungesetzlicher Gier entzückt, von ungerader Gier überwältigt, von Schlechtigkeit verzehrt. In ungesetzlicher Gier aber entzückt, von ungerader Gier überwältigt, von Schlechtigkeit verzehrt, ergreifen sie scharfe Schwerter und bringen sich gegenseitig ums Leben. Dadurch fallen viele Menschen dem Tod anheim. Dies nun aber, Brahmane, ist die Ursache, dies der Grund, daß zur jetzigen Zeit die Menschen dahinsiechen, sich Armut zeigt, Dörfer keine Dörfer, Märkte keine Märkte, Städte keine Städte und Länder keine Länder mehr sind.«

Das Glück der Völker

»König Maha-vijita ließ den brahmanischen Hauspriester rufen und sprach so: ›Als ich da, Brahmane, einsam, zurückgezogen weilte, stieg mir im Geist folgende Überlegung auf: Besitzen tue ich reichlich irdische Güter; den gewaltigen Erdkreis habe ich als Herrscher inne. Sollte ich jetzt nicht das große Opfer bringen, das mir für lange Zeit zum Heile, zum Segen gereichen würde?! Ich wünsche also, Brahmane, das große Opfer zu bringen. Unterweisen möge mich der Verehrte, so daß es mir für lange Zeit zum Heile, zum Segen gereichen möge.‹

Auf diese Worte hin sprach der brahmanische Hauspriester zum König so: ›Des königlichen Herrn Reich lebt in Not und Bedrückung. Man trifft geplünderte Dörfer, man trifft geplünderte Städte, man trifft Wegelagerer. Wenn nun aber der königliche Herr in diesem notleidenden und bedrückten Lande Steuern erheben wollte, so würde der königliche Herr insofern unrecht handeln. Nun mag es zwar wahr sein, daß dem königlichen Herrn der Gedanke kommt: Ich will dieses Unwesen durch Hinrichtung, durch Gefängnis, durch Geldstrafe, durch Ehrverlust, durch Verbannung ausrotten – nicht so aber ist die Ausrottung dieses Unwesens in der richtigen Weise möglich. Diejenigen, die bei den Hinrichtungen verschont geblieben sind, die werden hinterher wieder des Königs Land schädigen. Wenn man aber folgende Einrichtung träfe, so würde die Ausrottung dieses Unwesens möglich sein: Denjenigen Landbebauern und Viehhaltern im Reich, die es benötigen, denen möge der königliche Herr Samen und Futter verabfolgen; denjenigen Handeltreibenden, die es benötigen, möge er Geld verabfolgen; denjenigen Beamten, die es benötigen, denen möge er Kost und Sold anweisen, und diese Menschen werden dann ihren eigenen Geschäften nachgehen, des Königs Land nicht schädigen, und groß wird des Königs Schatz werden, befriedet das Reich, frei von Not und Bedrückung, und die Menschen, mild geworden, froh im Herzen, werden die Kinder an ihrer Brust spielen lassen und werden in unverschlossenen Häusern leben.‹

›Ja, Verehrter‹, stimmte der König dem brahmanischen Hauspriester zu. Und er verabfolgte es, und diese Menschen, ihren eigenen Geschäften nachgehend, schädigten dann des Königs Land nicht mehr, und groß wurde des Königs Schatz, befriedet das Reich, frei von Not und Bedrückung, und die Menschen, milde geworden, froh im Herzen, ließen die Kinder an ihrer Brust spielen und lebten in unverschlossenen Häusern.«

Kraft der Selbsterkenntnis

»Jener Mensch, ihr Brüder, der voll Fehl ist und nicht wirklichkeitsgemäß erkennt: ›Es ist Fehl in mir‹, der gilt da eben von fehlhaften Menschen als der minderwertige.

Jener Mensch, ihr Brüder, der voll Fehl ist und wirklichkeitsgemäß erkennt: ›Es ist Fehl in mir‹, der gilt da von fehlhaften Menschen als der hochwertige.

Jener Mensch, ihr Brüder, der ohne Fehl ist und nicht wirklichkeitsgemäß erkennt: ›Es ist kein Fehl in mir‹, der gilt da eben von fehlfreien Menschen als der minderwertige.

Jener Mensch, ihr Brüder, der ohne Fehl ist und wirklichkeitsgemäß erkennt: ›Es ist kein Fehl in mir‹, der gilt von fehlfreien Menschen als der hochwertige.

Von einem Manne, der voll Fehl ist und wirklichkeitsgemäß erkennt: ›Es ist Fehl in mir‹, ist zu erwarten: Er wird Willen zeugen, er wird ringen, er wird Kraft einsetzen, um jenes Fehl abzutun; der wird dann lust-frei, haß-frei, wahn-frei, ohne Fehl, unbeschmutzten Geistes dahinsterben.

Von einem Manne, der ohne Fehl ist und nicht wirklichkeitsgemäß erkennt: ›Es ist kein Fehl in mir‹, ist dieses zu erwarten: Auf die Pracht der Welt wird er das Denken richten, und weil er dies tut, wird Lust ihm den Geist versehren...«

Beständigkeit in Güte

»Wenn auch irgend jemand dir gegenüber Tadelndes sagen würde, dir mit der Hand einen Schlag versetzte, mit Erdklumpen einen Schlag versetzte, mit dem Stock einen Schlag versetzte, mit dem Schwert einen Schlag versetzte, so müßtest du selbst da alle weltlichen Willensregungen, alle weltlichen Eindrücke abtun. Selbst da hast du dich so zu üben: Mein Denken wird eben nicht einen Wechsel erleiden, und nicht wird ein böses Wort mir entfahren; mitleidsvoll werde ich bleiben, liebevollen Gemüts, nicht gehässigen Herzens – so hast du dich zu üben.«

Bleibe liebevollen Gemütes!

»Mögen, ihr Mönche, die andern in zeitgemäßer Weise reden oder in unzeitiger; mögen sie, ihr Mönche, in sanfter Weise reden oder in grober; mögen sie, ihr Mönche, in sinnvoller Weise reden oder in widersinniger, in liebevoller Weise oder in gehässiger – selbst da, ihr Mönche, habt ihr euch so zu üben: Unser Denken wird eben nicht einen Wechsel erleiden, und nicht wird ein böses Wort uns entfahren; mitleidsvoll werden wir bleiben, liebevollen Gemüts, nicht gehässigen Herzens, und diesen Menschen werden wir mit in Liebe gerüstetem Sinn durchdringen, und hier fußend werden wir die ganze Welt mit in Liebe gerüstetem Sinn durchdringen, mit weitem, hohem, unbeschränktem, frei von Haß, frei von Übelwollen.«

Gesundheit des Geistes

Einstmals weilte der Erhabene bei den Bhaggern in Sumsumaragiri. Da nun begab sich Nakulapita zum Erhabenen und ließ sich neben ihm nieder. Indem er so neben ihm saß, sprach Nakulapita, der Haushaber, folgendermaßen zum Erhabenen: »Ich, o Herr, bin verfallen, bejahrt, betagt, gealtert, greis, mit dem Leben fertig, kranken Körpers, schwer leidend. Nicht ständig ansichtig bin ich, o Herr, des Erhabenen und seiner verehrungswürdigen Mönche. Unterweisen möge mich, o Herr, der Erhabene; belehren möge mich, o Herr, der Erhabene, so daß es mir für lange Zeit zum Wohle und Heile gereiche.«

»So ist es. Krank ist dir der Körper, alt geworden, siech. Wer da, mit diesem Körper sich befassend, auch nur für einen Moment ihn als krankheitsfrei ansähe – was wäre das anders als kindisch? Daher hast du dich so zu üben: Wenn ich auch krank am Leib bin, der Geist wird nicht krank sein. So hast du dich zu üben.« Und Nakulapita, der Haushaber, vom Wort des Erhabenen erfreut und befriedigt, erhob sich.

Das tiefe Wissen

Einstmals weilte der Erhabene in Savatthi, im Jetavana, in Anathapindikas Mönchsheim. Da nun redete der Erhabene die Mönche an: »Die Persönlichkeit werde ich euch, ihr Mönche, zeigen; die Entstehung der Persönlichkeit, die Vernichtung der Persönlichkeit und den zur Vernichtung der Persönlichkeit führenden Weg. Da höret!

Und was, ihr Mönche, ist Persönlichkeit? Die fünf Stücke des Ergreifens wären da zu nennen. Welche fünf? Das Stück des Ergreifens als Körperlichkeit, das Stück des Ergreifens als Empfindung, das Stück des Ergreifens als Wahrnehmung, das Stück des Ergreifens als Unterscheidungen, das Stück des Ergreifens als Bewußtsein. Das nennt man Persönlichkeit.

Und was, ihr Mönche, ist Entstehung der Persönlichkeit? Eben dieser Durst, der mit Lustgier verbundene, der hier und da sich ergötzende, nämlich der Sinnlichkeits-Durst, der Werdens-Durst, der Entwerdens-Durst. Das, ihr Mönche, wird Entstehung der Persönlichkeit genannt.

Und was, ihr Mönche, ist Vernichtung der Persönlichkeit? Eben dieses Durstes rest- und spurlose Vernichtung, Entsagung, Verzicht, Freiung, Abweisung. Das, ihr Mönche, wird Vernichtung der Persönlichkeit genannt.

Und was, ihr Mönche, ist der zur Vernichtung der Persönlichkeit führende Weg? Eben dieser edle, achtgliedrige Pfad, nämlich: rechte Anschauung, rechter Entschluß, rechte Rede, rechtes Tun, rechter Lebensunterhalt, rechte Anstrengung, rechte Verinnerung, rechte Vertiefung. Das, ihr Mönche, wird der zur Vernichtung der Persönlichkeit führende Weg genannt.

Das Körperliche, ihr Mönche, ist ein Brennen; die Empfindung ist ein Brennen; die Wahrnehmung ist ein Brennen; die Unterscheidungen sind ein Brennen; das Bewußtsein ist ein Brennen. Wenn, ihr Mönche, der wohlbelehrte Hörer des Edlen es so durchschaut, wird er des Körperlichen überdrüssig, wird er der Empfindung überdrüssig; wird er der Wahrnehmung überdrüssig; wird er der Unterscheidungen überdrüssig; wird er des Bewußtseins überdrüssig. Überdrüssig wird er wunschlos, durch die Wunschlosigkeit wird er frei; im Befreiten ist das Wissen vom Befreitsein: Vernichtet ist Geburt, ausgelebt das Reinheitsleben, vollbracht die Aufgabe; nichts Weiteres nach diesem Hier – so erkennt er.«

Strebt unermüdlich!

»Erhebet euch, stehet auf! Welchen Sinn hat es für euch, zu schlafen? Wie kann es Schlummer geben für die Siechen, Pfeilverwundeten, Leidenden?

Erhebet euch, stehet auf! Strebet standhaft dem Frieden zu, auf daß euch nicht der Fürst des Todes, nachdem er euch als leichtfertig erkannt hat, betöre und seiner Gewalt unterwerfe!

Überwindet jenes Begehren, dem Götter und Menschen voll Verlangen ergeben sind! Verpaßt ja nicht den rechten Augenblick! Denn die den rechten Augenblick haben vorübergehen lassen, jammern, wenn sie in der Hölle angelangt sind.

Leichtfertigkeit ist ein Schandfleck, das der Leichtfertigkeit Ergebensein ist ein Schandfleck. Durch unermüdlichen Eifer und Erkenntnis entferne man seinen eigenen Pfeil!«

Die unmittelbare Einsicht

Ort Savatthi. Seitwärts sitzend sprach ein Mönch zum Erhabenen so: »Heilvoll, o Herr, wäre es, wenn mir der Erhabene in Kürze die Lehre zeigen wollte, so daß ich, nachdem ich vom Erhabenen die Lehre gehört habe, einsam, zurückgezogen, ernsthaft, eifrig, zielbewußt leben möge.«

»Was da, Mönch, vergänglich ist, dabei hast du den Willen aufzugeben. Was da, Mönch, leidvoll ist, dabei hast du den Willen aufzugeben. Was da, Mönch, nichtselbst ist, dabei hast du den Willen aufzugeben.«

»Verstanden, Erhabener! Verstanden, Erhabener!«

»Wie aber, Mönch, hast du mein in Kürze gegebenes Wort im einzelnen seinem Sinn nach verstanden?«

»Das Körperliche, o Herr, ist vergänglich; das Körperliche ist leidvoll; das Körperliche ist nichtselbst; dabei habe ich den Willen aufzugeben. Die Empfindung, o Herr, ist vergänglich; die Empfindung ist leidvoll; die Empfindung ist nichtselbst; dabei habe ich den Willen aufzugeben.

Die Wahrnehmung, o Herr, ist vergänglich; die Wahrnehmung ist leidvoll; die Wahrnehmung ist nichtselbst; dabei habe ich den Willen aufzugeben. Die Unterscheidungen, o Herr, sind vergänglich; die Unterscheidungen sind leidvoll; die Unterscheidungen sind nichtselbst; dabei habe ich den Willen aufzugeben. Das Bewußtsein, o Herr, ist vergänglich; das Bewußtsein ist leidvoll; das Bewußtsein ist nichtselbst; dabei habe ich den Willen aufzugeben. So, o Herr, habe ich das vom Erhabenen in Kürze gegebene Wort im einzelnen seinem Sinn nach verstanden.«

»In der Tat, Mönch, ist der Sinn so aufzufassen.«

Da nun lebte jener Mönch einsam, zurückgezogen, ernsthaft, eifrig, zielbewußt, und gar bald hatte er jenes unvergleichliche Ziel des Reinheitslebens schon in diesem Dasein aus sich selber erkannt, verwirklicht und sich zu eigen gemacht: Vernichtet ist Geburt, ausgelebt das Reinheitsleben, vollbracht die Aufgabe, nichts Weiteres nach diesem Hier – die unmittelbare Einsicht ging auf.

Von der Torheit

»Drei Arten des Dünkels gibt es, ihr Jünger: welche drei? Den Jugenddünkel, den Gesundheitsdünkel und den Lebensdünkel.

Betört vom Jugenddünkel, vom Gesundheitsdünkel oder vom Lebensdünkel, ihr Jünger, führt der unkundige Weltling einen schlechten Wandel in Werken, einen schlechten Wandel in Worten, einen schlechten Wandel in Gedanken.

Alles Fürchten, ihr Jünger, das aufsteigt, steigt auf im Toren, nicht im Weisen. Aller Schrecken, der aufsteigt, steigt auf im Toren, nicht im Weisen. Alle Aufregung, die aufsteigt, steigt auf im Toren, nicht im Weisen.

Nicht in der Luft, nicht in des Weltmeers Tiefen, noch auch in weitentlegener Bergeshöhle: es findet nirgends in der Welt ein Ort sich, wo man der eigenen bösen Tat entrinnen könnte.«

Wer die Lehre schaut ...

Einstmals weilte der Erhabene in Rajagaha, im Veluvana, am Kalandakanivapa. Damals nun lag der ehrwürdige Vakkali im Hause eines Töpfers krank, leidend, schwerkrank. Da begab sich der Erhabene zum ehrwürdigen Vakkali. Und es sah der ehrwürdige Vakkali den Erhabenen von weitem herankommen; als er seiner ansichtig geworden war, richtete er sich auf dem Bett zurecht.

Da nun sprach der Erhabene: »Genug, Vakkali! Richte dich nicht auf dem Bett zurecht! Hier sind diese Sitze bereit; da werde ich mich niederlassen.« Und es ließ sich der Erhabene auf dem zubereiteten Sitz nieder. Da nun sprach er: »Geht es dir, Vakkali, erträglich? Geht es dir leidlich? Nehmen die schmerzhaften Empfindungen ab und nicht zu? Ist eine Abnahme zu bemerken, keine Zunahme?«

»Nicht, o Herr, geht es mir erträglich, nicht geht es mir leidlich. Die schmerzhaften Krankheits-Empfindungen nehmen zu, nicht ab. Eine Zunahme ist zu bemerken, keine Abnahme.«

»Hast du auch nicht, Vakkali, irgendeinen Zweifel, irgendein Bedenken?«

»In der Tat, o Herr, habe ich viel Bedenken.«

»Hast du auch nicht, Vakkali, in bezug auf die Zucht dir selber Vorwürfe zu machen?«

»Nicht, o Herr, habe ich in bezug auf die Zucht mir selber Vorwürfe zu machen.«

»Wenn du, Vakkali, in bezug auf die Zucht dir selber keine Vorwürfe zu machen hast, was für einen Zweifel, was für ein Bedenken hast du dann?«

»Seit langem, o Herr, sehne ich mich, den Erhabenen aufzusuchen, aber ich habe nicht so viel Kraft in meinem Körper, daß ich den Erhabenen aufsuchen könnte.«

»Genug, Vakkali! Was solls mit solch übler Ansicht? Wer da die Lehre schaut, der schaut mich; wer mich schaut, der schaut die Lehre. Die Lehre schauend, Vakkali, schaut er mich; mich schauend, schaut er die Lehre. Was meinst du wohl, Vakkali? Ist das Körperliche unvergänglich oder vergänglich?«

»Vergänglich, o Herr.«

»Sind die Empfindung, die Wahrnehmung, die Unterscheidungen, das Bewußtsein unvergänglich oder vergänglich?«

»Vergänglich, o Herr.«

»Was aber vergänglich ist, ist das leidvoll oder freudvoll?«

»Leidvoll, o Herr.«

»Was aber vergänglich, leidvoll, wandelbar ist, darf man das richtigerweise so betrachten: Das gehört mir, das bin ich, das ist mein Selbst?«

»Nein, o Herr.« – »Daher, Vakkali, was auch immer es an Körperlichem, an Empfindung, an Wahrnehmung, an Unterscheidungen, an Bewußtsein geben mag, Vergangenes, Zukünftiges, Gegenwärtiges, Inneres und Äußeres, Grobes und Feines, Gemeines und Edles, Fernes oder Nahes – alles Körperliche, alle Empfindung, alle Wahrnehmung, alles Unterscheidungsvermögen, alles Bewußtsein ist eben so wirklichkeitsgemäß mit vollendeter Weisheit anzusehen: das gehört mir nicht, das bin ich nicht, das ist nicht mein Selbst. Wenn er so durchschaut, Vakkali, wird der wohlbelehrte Hörer des Edlen des Körperlichen überdrüssig, wird der Empfindung überdrüssig, wird der Wahrnehmung überdrüssig, wird der Unterscheidungen überdrüssig, wird des Bewußtseins überdrüssig, überdrüssig wird er entsüchtet, durch die Entsüchtung wird er frei; im Befreiten ist das Wissen vom Befreitsein: vernichtet ist Geburt, ausgelebt das Reinheitsleben, vollbracht die Aufgabe, nichts Weiteres nach diesem Hier, so erkennt er.«

Die törichte Gier

»Alles, was es da in der Welt an Lieblichem und Erfreulichem gibt, da springt der Durst auf... Die den Durst haben wachsen lassen, die haben das Leiden wachsen lassen; die das Leiden haben wachsen lassen, die sind nicht frei geworden von Geburt, Altern und Sterben, von Kummer, Jammer, Leiden, Gram und Verzweiflung; nicht frei geworden sind sie von Leiden, sage ich...

Gleich als wenn da, ihr Mönche, ein Gefäß voll Flüssigkeit wäre, schön anzusehen, wohlduftend, wohlschmeckend, aber mit Gift versetzt. Und ein Mensch käme heran, von der Hitze ausgedörrt, halb tot vor Hitze, ermüdet, zitternd, verdurstet; zu dem würde man folgendermaßen sprechen: ›Dieses Gefäß voll Flüssigkeit, lieber Mensch, ist schön anzusehen, wohl duftend, wohlschmeckend, ist aber mit Gift versetzt. Falls du Lust hast, so trinke. Solange du trinkst, wird dir das verborgen bleiben durch Aussehen, Geruch, Geschmack; wenn du aber getrunken hast, so wirst du als Folge davon dem Tode verfallen oder tödlichem Leiden.‹ Der würde jenes Gefäß voll Flüssigkeit hastig, ohne zu überlegen austrinken, würde nicht verzichten und würde als Folge davon dem Tod verfallen oder tödlichem Leiden. Ebenso auch, ihr Mönche: All diejenigen, die, was es hier an Lieblichem und Erfreulichem gibt, als unvergänglich ansehen, als glückvoll ansehen, als wesenhaft ansehen, als krankheitsfrei ansehen, als gesichert ansehen – all die lassen das Leiden wachsen; die das Leiden wachsen lassen, die werden nicht frei von Geburt, Altern und Sterben, von Kummer, Jammer, Leiden, Gram und Verzweiflung; sie werden nicht frei von Leiden, sage ich.«

Dies ist der Friede ...

Und es begab sich der ehrwürdige Anando dorthin, wo der Erhabene weilte. Dort angelangt, begrüßte er den Erhabenen und setzte sich zu einer Seite nieder. Zur Seite nun sitzend, sprach der ehrwürdige Anando folgendes zum Erhabenen:

»Mag wohl, o Herr, ein Mönch eine solche Konzentration erlangen, wobei hinsichtlich dieses mit Bewußtsein behafteten Körpers wie auch hinsichtlich aller äußeren Vorstellungen keinerlei Triebe des Ich und Mein, keinerlei Dünkelanhaftungen aufkommen und er im Besitze der Gemütserlösung und Weisheitserlösung verweilt, wobei in dem darin Verweilenden keinerlei Triebe des Ich und Mein, keinerlei Dünkelanhaftungen aufsteigen können?«

»Wohl mag, Anando, ein Mönch eine solche Konzentration erlangen.«

»Wie aber, o Herr?«

»Da merkt ein Mönch also: ›Dies ist der Friede, dies ist das Erhabene, nämlich der Stillstand aller Gestaltungen, die Loslösung von allen Daseinssubstraten, der Gier Vernichtung, die Abwendung, Aufhebung und Erlöschung.‹ – Wer vor nichts in dieser Welt erzittert und das Gute wie das Böse kennt, stillgeworden, wutlos, leidlos, wunschlos: Der ist Alter und Geburt entflohn.«

Die Familie

»In der Nähe des Himalaja, ihr Jünger, des Königs der Berge, nehmen die großen Bäume an drei Dingen zu: an welchen dreien?

Sie nehmen zu an Zweigen, Blättern und Blüten, nehmen zu an Haut und Rinde, nehmen zu an Grünholz und Kernholz. In der Nähe des Himalaja, ihr Jünger, des Königs der Berge, nehmen die großen Bäume an diesen drei Dingen zu.

Ebenso nun auch, ihr Jünger, nehmen in der Nähe eines von Vertrauen erfüllten Familienhauptes die Hausbewohner an drei Dingen zu: an welchen dreien? Sie nehmen zu an Vertrauen, nehmen zu an Sittlichkeit, nehmen zu an Weisheit. In der Nähe eines von Vertrauen erfüllten Familienhauptes, ihr Jünger, nehmen die Hausbewohner an diesen drei Dingen zu.«

Liebe zu den Eltern

»Zweien, sage ich, ihr Jünger, kann man das Gute kaum vergelten: welchen beiden? Vater und Mutter. Sollte man, ihr Jünger, auf einer Schulter seine Mutter tragen, auf einer Schulter seinen Vater, dabei hundert Jahre alt werden, hundert Jahre am Leben bleiben... nicht genug, ihr Jünger, hätte man für seine Eltern getan, nicht das Gute vergolten. Und sollte man, ihr Jünger, seinen Eltern selbst die Oberherrschaft über die weite Erde übertragen, der an den sieben Arten der Schätze reichen – noch nicht genug, ihr Jünger, hätte man für seine Eltern getan, nicht das Gute vergolten.

Aus welchem Grunde aber? Viel, ihr Jünger, tun die Eltern für ihre Kinder, sind ihre Erhalter und Ernährer, zeigen ihnen diese Welt.

Wer aber, ihr Jünger, seine Eltern, insofern sie ungläubig sind, im Glauben anspornt, stärkt und festigt; insofern sie sittenlos sind, in der Sittlichkeit anspornt, stärkt und festigt; insofern sie geizig sind, in der Freigebigkeit anspornt, stärkt und festigt; insofern sie töricht sind, im Wissen anspornt, stärkt und festigt: der, ihr Jünger, hat wahrlich für seine Eltern genug getan, ihnen das Gute vergolten, ja mehr als vergolten.«

Die zeitlose Wahrheit

Und es begab sich ein Brahmane dorthin, wo der Erhabene weilte. Dort angelangt, begrüßte er sich mit dem Erhabenen, und nach Austausch freundlicher Worte setzte er sich zur Seite nieder. Zur Seite nun sitzend, sprach jener Brahmane folgendes zum Erhabenen:

»Die sichtbare Wahrheit, die sichtbare Wahrheit – so sagt man, Herr Gotama. Inwiefern nun aber, Herr Gotama, gibt es eine sichtbare Wahrheit, eine zeitlose, einladende, zum Ziele führende, einzig den Verständigen verständliche?«

»Aus Gier, Haß, Verblendung, Brahmane, von Gier, Haß, Verblendung übermannt, umstrickten Geistes, will man seinen eigenen Schaden, will man des anderen Schaden, will man den beiderseitigen Schaden, erleidet man geistigen Schmerz und Kummer. Sind aber Gier, Haß, Verblendung aufgehoben, so will man weder den eigenen Schaden noch des anderen Schaden, noch den beiderseitigen Schaden, erleidet man keinen geistigen Schmerz und Kummer. Das, Brahmane, ist die sichtbare Wahrheit, die zeitlose, einladende, zum Ziele führende, einzig den Verständigen verständliche.«

Vier Stufen der Sammlung

»Am Nachmittag begebe ich mich nach dem Walde. Was sich dortselbst an Gräsern oder Blättern vorfindet, das trage ich an einem Platze zusammen und setze mich nieder.

Und nachdem ich meine Beine untergeschlagen, den Körper gerade aufgerichtet und die Aufmerksamkeit vor mich gerichtet habe, gewinne ich, der Sinnlichkeit entrückt, frei von schlechten Geisteszuständen, sinnend und nachdenkend, die in der Loslösung geborene, von Verzückung und Glückseligkeit erfüllte erste Selbstvertiefung.

Nach Aufhebung des Sinnens und Nachdenkens gewinne ich den inneren Frieden, die Einheit des Geistes, die von Sinnen und Gedanken freie, in der Ruhe geborene, erfüllte zweite Selbstvertiefung.

Nach dem Schwinden der Verzückung aber verweile ich gleichmütig, besonnen, wissensklar, und ich fühle in meinem Inneren jenes Glück, von dem die Heiligen sprechen: ›Glückselig der Gleichmütige, der Besonnene!‹ – so gewinne ich die dritte Selbstvertiefung. Nach dem Schwinden von

Wohlgefühl und Schmerz, durch die Unterdrükkung der früheren Freude und des Kummers, gewinne ich einen leidlosen, freudlosen Zustand, die gleichmütig-geistesgeklärte vierte Selbstvertiefung...

Ich durchdringe mit einem von Liebe – von Mitleid – von Mitfreude – von Gleichmut erfüllten Geist eine Richtung, ebenso eine zweite, ebenso die dritte, ebenso die vierte. Ebenso durchdringe ich oben, unten, nach allen vier Winden, überall allerwärts, die ganze Welt mit einem von Liebe, Mitleid, Mitfreude oder Gleichmut erfüllten Geist, einem weiten, umfassenden, unermeßlichen...«

Glück der Selbstvertiefung

»Gleich als wenn in einem Teich voll blauer oder blaßroter oder weißer Lotusblumen einige blaue oder blaßrote oder weiße Lotus, im Wasser entstanden, im Wasser gewachsen, aus dem Wasser nicht hervorkommen, unterhalb des Wasserspiegels sich ernähren – die sind dann von der äußersten Spitze bis herab zur Wurzel von dem kühlen Wasser getränkt, durchtränkt, erfüllt, durchdrungen, und von allen diesen blauen oder blaßroten oder weißen Lotusblumen bliebe nichts undurchdrungen von dem kühlen Wasser – ebenso auch tränkt ein Mönch eben diesen Körper mit dem in Selbstvertiefung geborenen freudfreien Glück, durchtränkt ihn, erfüllt ihn, durchdringt ihn, und vom ganzen Körper bleibt ihm nichts undurchdrungen von diesem freudfreien Glück.«

Die Atemübung

»Was ist die Achtsamkeit bei Ein- und Ausatmung?

Da begibt sich der Mönch in den Wald, an den Fuß eines Baumes oder in eine leere Behausung. Mit gekreuzten Beinen setzt er sich nieder, den Körper gerade aufgerichtet, und heftet seine Achtsamkeit vor sich.

Achtsam atmet er ein, achtsam atmet er aus. Atmet er lang ein, so weiß er: Ich atme lang ein, atmet er lang aus, so weiß er: Ich atme lang aus. Atmet er kurz ein, so weiß er: Ich atme kurz ein, atmet er kurz aus, so weiß er: Ich atme kurz aus.

Den ganzen Körper klar empfindend will ich einatmen: so übt er sich. Den ganzen Körper klar empfindend will ich ausatmen: so übt er sich.

Die Körperbildung beruhigend will ich einatmen: so übt er sich. Die ganze Körperbildung beruhigend will ich ausatmen: so übt er sich.

Die Verzückung klar empfindend will ich einatmen: so übt er sich. Die Verzückung klar empfindend will ich ausatmen: so übt er sich.

Die Freude klar empfindend will ich einatmen:

so übt er sich. Die Freude klar empfindend will ich ausatmen: so übt er sich.

Den Geist klar empfindend will ich einatmen. Den Geist klar empfindend will ich ausatmen: so übt er sich.

Den Geist erheiternd will ich einatmen: so übt er sich. Den Geist erheiternd will ich ausatmen: so übt er sich.

Den Geist sammelnd will ich einatmen: so übt er sich. Den Geist sammelnd will ich ausatmen: so übt er sich.

Den Geist befreiend will ich einatmen: so übt er sich. Den Geist befreiend will ich ausatmen: so übt er sich.

Die Vergänglichkeit betrachtend will ich einatmen: so übt er sich. Die Vergänglichkeit betrachtend will ich ausatmen: so übt er sich.

Die Erlöschung betrachtend will ich einatmen: so übt er sich. Die Erlöschung betrachtend will ich ausatmen.«

Die fünffache Sammlung

»Die Entfaltung der edlen fünfgliedrigen rechten Sammlung, ihr Mönche, will ich euch weisen. So höret denn und achtet wohl auf meine Worte!« – »Ja, o Ehrwürdiger!« erwiderten jene Mönche dem Erhabenen. Der Erhabene sprach:

»Da, ihr Mönche, gewinnt der Mönch, den Sinnendingen entrückt, entrückt den schuldvollen Erscheinungen, die mit Sinnen und Nachdenken verbundene, in der Entrückung geborene, von Verzückung und Glückseligkeit erfüllte erste Vertiefung. Und eben diesen Körper läßt er von der in der Entrückung geborenen Verzückung und Glückseligkeit durchströmen...

Und fernerhin, ihr Mönche, gewinnt der Mönch, nach dem Schwinden des Sinnens und Nachdenkens, den inneren Frieden, die Einheit des Geistes, die von Sinnen und Nachdenken freie, in der Sammlung geborene, von Verzückung und Glückseligkeit erfüllte zweite Vertiefung.

Es ist, ihr Mönche, als ob da ein Teich wäre, der in der Tiefe eine Quelle birgt, aber ohne Zufluß ist, sei's von Osten, Westen, Norden oder Süden her.

Wenn es da nämlich nicht von Zeit zu Zeit regnet, so durchströmen eben die kühlen Wasserströme, die aus der Tiefe des Teiches hervorquellen, jenen Teich mit kühlem Wasser, durchsättigen, erfüllen, durchtränken ihn damit, so daß auch nicht eine Stelle im ganzen Teich von jenem kühlen Wasser undurchtränkt bleibt. Ebenso auch, ihr Mönche, läßt der Mönch diesen Körper von der in der Sammlung geborenen Verzückung und Glückseligkeit durchströmen, durchsättigt, erfüllt und durchtränkt ihn damit, so daß an diesem ganzen Körper auch nicht eine Stelle mehr undurchtränkt bleibt. Das, ihr Mönche, ist die zweite Entfaltung der edlen fünfgliedrigen rechten Sammlung.

Und fernerhin, ihr Mönche, verweilt der Mönch, nach Abwendung von der Verzückung, gleichmütig, achtsam, geistesklar, und er fühlt in sich jenes Glück, von dem die Edlen sprechen: Glückselig der Gleichmütige, der Achtsame! und gewinnt so die dritte Vertiefung.

Gleich wie, ihr Mönche, in einem Teich voll blauer, roter oder weißer Lotuspflanzen einige der im Wasser entstandenen, im Wasser aufgewachsenen Lotuspflanzen, die noch nicht über den Wasserspiegel ragen, sich im Wasser nähren und, während ihre Kronen und Wurzeln von dem kühlen Wasser durchtränkt, durchsättigt, vollgesaugt und durchdrungen werden, auch nicht eine von allen diesen von dem kühlen Wasser undurchtränkt bleibt: ebenso auch, ihr Mönche, läßt der Mönch diesen Körper von dem gleichmütigen Glück durchströmen... Das, ihr Mönche, ist die dritte Entfaltung der edlen fünfgliedrigen rechten Sammlung. Und fernerhin, ihr Mönche, gewinnt der Mönch, nach dem Schwinden von Wohlgefühl und Schmerz und durch Überwindung des früheren Frohsinns und Trübsinns, einen leidlosen, freudlosen Zustand, die durch Gleichmut und Achtsamkeit geklärte vierte Vertiefung.

Gleichwie, ihr Mönche, wenn ein Mann, mit einem weißen Gewand ganz bis über den Kopf verhüllt, dasitzt, auch nicht eine Stelle an seinem ganzen Körper unverhüllt ist: ebenso auch, ihr Mönche, sitzt der Mönch da, indem er mit dem geläuterten, geklärten Geist diesen Körper durchtränkt. Das, ihr Mönche, ist die vierte Entfaltung der edlen fünfgliedrigen rechten Sammlung.

Und fernerhin, ihr Mönche, hat da der Mönch den Gegenstand der Selbstbetrachtung festgehalten, im Geist erwogen, mit Einsicht klar durchdrungen.

Gleichwie etwa, ihr Mönche, der eine den anderen betrachten möchte – der Stehende den Sitzenden, oder der Sitzende den Liegenden –: ebenso auch, ihr Mönche, hat da der Mönch den Gegenstand der Selbstbetrachtung festgehalten, im Geist wohl erwogen, mit Einsicht klar durchdrungen. Das, ihr Mönche, ist die fünfte Entfaltung der edlen fünfgliedrigen rechten Sammlung.«

Die Weltdurchdringung

»...Da weilt ein Mönch in der Nähe irgendeines Dorfes oder einer Stadt. Der weilt, mit mitleidig-, mitfreudig-, gleichmutvollem Geist eine Himmelsrichtung durchdringend, dann die zweite, dann die dritte, dann die vierte, ebenso nach oben, nach unten, in die Quere, überallhin. Im Gedanken: Überall ist ein Selbst, die ganze Welt mit weitem, hohem, unbeschränktem, haß- und mißgunstfreiem Geist durchdringend.

Wenn um Mitternacht im einsamen Wald der Regen rauscht, aufschreit das Getier und in stiller Bergesgrotte der Mönch der Versenkung pflegt: kein Glück wie dies!

Wenn ein Wesen offenbar wird, wird ein großes Auge offenbar, wird eine große Helle offenbar, wird ein großer Glanz offenbar...«

Die Kunst des Zuhörens

»Wer kein Gehör schenkt, ihr Jünger, ist unbefähigt; wer Gehör schenkt, ist befähigt. Indem er aber befähigt ist, erkennt er eine Wahrheit, durchschaut er eine Wahrheit, überwindet er eine Wahrheit, verwirklicht er eine Wahrheit. Indem er aber eine Wahrheit erkennt, eine Wahrheit durchschaut, eine Wahrheit überwindet und eine Wahrheit verwirklicht, erreicht er die rechte Erlösung. Das aber, ihr Jünger, ist der Zweck der Rede, das der Zweck des Gesprächs, das der Zweck der Fähigkeit, das der Zweck des Gehörschenkens, nämlich die haftlose Gemütserlösung.«

Die dreifache Befreiung

»Gleichwie, ihr Jünger, zur Herbstzeit am durchbrochenen, wolkenlosen Himmel die Sonne, die Lüfte durcheilend, das den ganzen Raum erfüllende Dunkel zerteilend, glüht und leuchtet und strahlt: ebenso nun auch, ihr Jünger, wird der heilige Jünger, wenn ihm das ungetrübte, unbefleckte Auge der Wahrheit aufgeht, mit dem Aufgehen der Erkenntnis von drei Fesseln befreit: der Ich-Illusion, der Zweifelsucht und dem Hangen an Sittenregeln und Riten. Und ferner löst er sich von zwei Eigenschaften: der sinnlichen Begierde und dem Groll.

Der Sinnlichkeit entrückt, frei von schlechten Geisteszuständen, gewinnt er, sinnend und nachdenkend, die in der Entsagung geborene, von Glückseligkeit und Freude erfüllte Selbstvertiefung.«

Drei Arten der Reinheit

»Folgende drei Arten der Reinheit gibt es, ihr Mönche: welche drei? Reinheit in Werken, Reinheit in Worten, Reinheit in Gedanken.

Was aber, ihr Jünger, ist Reinheit in Werken? Da, ihr Jünger, steht einer ab vom Töten, Stehlen und Ehebrechen. Das, ihr Jünger, nennt man Reinheit in Werken.

Was aber, ihr Jünger, ist Reinheit in Worten? Da, ihr Jünger, steht einer ab vom Lügen, Zutragen, Schimpfen und unsinnigen Schwätzen. Das, ihr Jünger, nennt man Reinheit in Worten.

Was aber, ihr Jünger, ist Reinheit in Gedanken? Da, ihr Jünger, ist einer ohne Habsucht, von haßloser Gesinnung und rechter Erkenntnis. Das, ihr Jünger, nennt man Reinheit in Gedanken.

Diese drei Arten der Reinheit gibt es, ihr Mönche.«

Von zehn Dingen losgelöst...

Der ehrwürdige Bahuno sprach zum Erhabenen: »Von wie vielen Dingen abgewandt, entbunden und losgelöst, o Ehrwürdiger, verweilt der Vollendete unumschränkten Gemütes?«

»Von zehn Dingen, Bahuno: von Form, Gefühl, Wahrnehmung, Geistesbildungen und Bewußtsein, von Geburt, Alter, Tod, Leiden und Leidenschaften. Gleichwie nämlich die Lotusblume, im Wasser geboren, im Wasser aufgewachsen, sich über den Wasserspiegel erhebt und nicht mehr vom Wasser berührt wird: ebenso auch verweilt der Vollendete, von diesen zehn Dingen abgewandt, entbunden und losgelöst, unumschränkten Gemütes.«

Verachtung des Ruhmes

»...Gleichwie nämlich, o Ehrwürdiger, wenn da eine geballte Wolke sich entlädt, das Regenwasser in das Tal hinabströmt: ebenso auch, o Ehrwürdiger, werden, wo immer der Erhabene sich jetzt hinbegibt, die brahmanischen Hausleute sowie die Stadt- und Landbevölkerung hinströmen.«

»Möge ich nichts zu tun haben mit dem Ruhme! Ich begehre keinen Ruhm. Wer da nicht, wie ich, dieses Glückes der Entsagung, der Loslösung, des Friedens und der Erleuchtung nach Wunsch, ohne Mühe und Anstrengung, teilhaftig wird, den freilich mag es nach jenem kotigen, faulen Glück, nach der Freude an Besitz, Ehre und Ruhm gelüsten. Wahrlich, Essen, Trinken, Kauen und Schmecken, endet in Kot und Urin: so ist der Ausgang. Und beim Wechsel und Wandel der begehrten Dinge, entstehen Sorge, Jammer, Schmerz, Trübsinn und Verzweiflung.«

Das Tun und das Nichttun

Einst begab sich ein gewisser Brahmane zum Erhabenen. Dort angelangt, wechselte er mit dem Erhabenen freundlichen Gruß, und nach Austausch freundlicher und zuvorkommender Worte setzte er sich zur Seite nieder. Zur Seite sitzend sprach jener Brahmane also zum Erhabenen:

»Was lehrt wohl der Herr Gotama, welche Lehre verkündet er?«

»Das Tun lehre ich, Brahmane, und das Nichttun lehre ich.«

»Inwiefern aber lehrt der Herr Gotama das Tun und lehrt er das Nichttun?«

»Das Nichttun lehre ich, Brahmane; denn ich lehre das Nichttun böser Taten in Werken, Worten und Gedanken sowie der mannigfachen üblen, schlechten Dinge. Aber auch das Tun lehre ich, Brahmane; denn ich lehre das Tun edler Taten in Werken, Worten und Gedanken sowie der mannigfachen guten Dinge. Insofern also, Brahmane, lehre ich das Tun und lehre ich das Nichttun.«

Frei von Furcht

»Zwei, ihr Jünger, erschrecken nicht beim einschlagenden Blitz: welche beiden?

Der wahnerlöste Mönch und der edle Elefant: diese beiden, ihr Jünger, erschrecken nicht beim einschlagenden Blitz.

Zwei, ihr Jünger, erschrecken nicht beim einschlagenden Blitz: welche beiden?

Der wahnerlöste Mönch und das edle Roß: diese beiden, ihr Jünger, erschrecken nicht beim einschlagenden Blitz.

Zwei, ihr Jünger, erschrecken nicht beim einschlagenden Blitz: welche beiden?

Der wahnerlöste Mönch und der Löwe, der König der Tiere: diese beiden, ihr Jünger, erschrecken nicht beim einschlagenden Blitz.«

Die zwei Arten des Glücks

»Zwei Arten des Glückes gibt es, ihr Jünger: welche beiden? Das häusliche Glück und das Asketenglück: diese beiden Arten des Glückes gibt es, ihr Jünger. Die höchste dieser beiden Arten des Glückes aber, ihr Jünger, ist das Asketenglück.

Zwei Arten des Glückes gibt es, ihr Jünger: welche beiden? Das Glück des Genusses und das Glück der Entsagung: diese beiden Arten des Glückes gibt es, ihr Jünger. Die höchste dieser beiden Arten des Glückes aber, ihr Jünger, ist das Glück der Entsagung.

Zwei Arten des Glückes gibt es... Das weltliche Glück und das überweltliche Glück: diese beiden Arten des Glückes gibt es, ihr Jünger. Die höchste dieser beiden Arten des Glückes aber, ihr Jünger, ist das überweltliche Glück.

Zwei Arten des Glückes gibt es... Das sinnliche Glück und das übersinnliche Glück: diese beiden Arten des Glückes gibt es, ihr Jünger. Die höchste dieser beiden Arten des Glückes aber, ihr Jünger, ist das übersinnliche Glück.

Zwei Arten des Glückes gibt es... Das körperliche Glück und das geistige Glück: diese beiden Arten des Glückes gibt es, ihr Jünger. Die höchste dieser beiden aber, ihr Jünger, ist das geistige Glück.

Zwei Arten des Glückes gibt es... Das Glück der Freude und das Glück des Gleichmuts: diese beiden Arten des Glückes gibt es, ihr Jünger. Die höchste dieser beiden Arten des Glückes aber, ihr Jünger, ist das Glück des Gleichmuts.

Zwei Arten des Glückes gibt es... Das Glück der Sammlung und das ruhelose Glück: diese beiden Arten des Glückes gibt es, ihr Jünger. Die höchste dieser beiden Arten des Glückes aber, ihr Jünger, ist das Glück der Sammlung.«

Ferne und Nähe

»Daß, ihr Mönche, ein Mönch bei nicht gestillter, nicht erhabener, nicht ruhiger, nicht innig gewordener Sammlung der mannigfachen magischen Fähigkeiten sich der Reihe nach erfreuen werde: das ist nicht möglich. Und nicht möglich ist es für ihn, mit dem himmlischen Ohr, dem geklärten, übermenschlichen, beiderlei Töne zu vernehmen, himmlische wie menschliche, ferne wie nahe; nicht möglich, im Geiste die Herzen der anderen Wesen und Geschöpfe durchdringend zu erkennen; nicht möglich, der zahlreichen früheren Daseinsformen sich zu erinnern; nicht möglich, mit dem himmlischen Auge, dem geklärten, übermenschlichen, zu erkennen, wie die Wesen abscheiden und wiedererscheinen; nicht möglich, noch bei Lebzeiten durch Versiegung der Leidenschaften die leidenschaftslose Gemütserlösung und Wissenserlösung selber zu erkennen, zu verwirklichen und sich zu eigen zu machen.«

Die ungefährdeten Schätze

Uggo, der königliche Rat, begab sich zum Erhabenen. Dort angelangt begrüßte er ehrfurchtsvoll den Erhabenen. Darauf setzte er sich zur Seite nieder und sprach zum Erhabenen:

»Wunderbar ist es, o Ehrwürdiger, erstaunlich ist es, wie reich, hochbegütert, hochvermögend doch dieser Migaro, der Verwandte des Rohano, ist.«

»Wie reich, Uggo, ist denn wohl Migaro, der Verwandte des Rohano? Wie groß sind seine Schätze, wie groß seine Güter?«

»Zehn Millionen in Gold, o Ehrwürdiger, ganz vom Silber zu schweigen.«

»Diesen Schatz besitzt er wohl, Uggo, und nicht behaupte ich, daß es nicht so sei. Doch dieser Schatz, Uggo, ist gefährdet durch Feuer, Wasser, Fürsten, Räuber und unliebsame Erben. Folgende sieben Schätze aber, Uggo, sind nicht gefährdet durch Feuer, Wasser, Fürsten, Räuber und unliebsame Erben: welche sieben? Der Schatz des Vertrauens, der Sittlichkeit, des Schamgefühls, des Gewissens, des Wissens, der Freigebigkeit und der

Einsicht. Diese sieben Schätze, Uggo, sind nicht gefährdet durch Feuer, Wasser, Fürsten, Räuber und unliebsame Erben.«

Erlösung des Herzens

»Was es auch immer, ihr Mönche, an Verdiensten des Menschen gibt, sie alle haben nicht den Wert eines Sechzehntels der Liebe, der Erlösung des Herzens; denn die Liebe, die Erlösung des Herzens, übertrifft sie und leuchtet und flammt und strahlt.

Gleichwie da, ihr Mönche, aller Sternenschein nicht den Wert eines Sechzehntels des Mondscheins hat; denn der Mondschein übertrifft ihn und leuchtet und flammt und strahlt – ebenso auch, ihr Mönche, haben alle Verdienste des Menschen, die es gibt, nicht den Wert eines Sechzehntels der Liebe, der Erlösung des Herzens; denn die Liebe, die Erlösung des Herzens, übertrifft sie und leuchtet und flammt und strahlt.«

Güte gegen den Nächsten

»Selbst wenn da, ihr Mönche, Räuber und Mörder mit einer doppelgezähnten Säge jemandem ein Glied nach dem anderen abtrennten und jener ergrimmte darob in seinem Gemüte, so würde er eben deshalb kein Betätiger meiner Lehre sein.

Auch in diesem Falle, ihr Mönche, müßt ihr euch also üben: ›Nicht soll unser Gemüt voll Unmut werden, kein böses Wort wollen wir ausstoßen, freundlich und gütig wollen wir bleiben, liebevoll gesinnt, ohne Haß im Innern, und diese Menschen wollen wir mit Liebe-erfülltem Gemüte durchdringen, und von ihm ausgehend wollen wir die ganze Welt mit Liebe-erfülltem Gemüte durchdringen, mit großem, weitem, unermeßlichem, von Feindseligkeit und Übelwollen freiem Gemüte.‹ So also, ihr Mönche, müßt ihr euch üben.«

Die Botschaft

»Wandelt den Weg zum Heil vieler Menschen, zum Segen vieler Menschen, aus Mitleid mit der Welt, zum Wohl, zum Heil, zum Segen... Verkündet den ganz vollendeten, geklärten Reinheitswandel. Es gibt Wesen wenig beschmutzter Art, die gehen verloren, wenn sie die Lehre nicht hören. Die werden Versteher der Lehre sein...

Zum Lassen der grobmateriellen Auffassung vom Selbst, zeige ich die Lehre; so daß, wenn ihr sie befolgt, die beschmutzenden Dinge schwinden werden, die reinigenden Dinge wachsen werden, und daß ihr die Weisheitsfülle, die Reife schon in diesem Dasein aus euch selber begreifen, verwirklichen und euch zu eigen machen werdet.«

Unsterbliche Saat

So habe ich gehört: Einstmals weilte der Erhabene im Lande der Magadher. Damals nun, zur Saatzeit, waren fünfhundert Pflüge des Brahmanen bespannt. Und nachdem sich der Erhabene angekleidet hatte, begab er sich, mit Almosenschale und Mantel versehen, am Vormittag dorthin, wo die Arbeit des Brahmanen verrichtet wurde.

Es sah aber der Brahmane den Erhabenen dastehen, um Almosenspeise zu empfangen. Als er seiner ansichtig wurde, sprach er zu dem Erhabenen: »Asket, ich pflüge und säe, und nachdem ich gepflügt und gesät habe, esse ich. Auch du, Asket, solltest pflügen und säen, und solltest essen, nachdem du gepflügt und gesät hast!«

»Auch ich, o Brahmane, pflüge und säe, und nachdem ich gepflügt und gesät habe, esse ich.«

»Wir sehen aber weder ein Joch, noch einen Pflug, noch eine Pflugschar, noch einen Stachelstock, noch die Zugochsen des Herrn Gotama?«

»Glaube ist die Saat, Tugend ist der Regen; Weisheit ist mein Joch und mein Pflug, Schamhaftigkeit ist die Stange des Pfluges, der Geist ist die

Koppelung am Pfluge, und die Kontemplation ist die Pflugschar und der Stachelstock. So habe ich dieses Pflügen gepflügt, es trägt die Frucht der Unsterblichkeit.«

Weisheitsworte

Ruhig sind deine Gesichtszüge, rein dein Antlitz, klar. Hast du nicht vielleicht aus dem Munde des Erhabenen Worte über die Lehre zu hören bekommen?

»Wir fragen, Gotama, nach dem Mann, der Verlust erleidet. Nachdem wir gekommen sind, so sage uns: Was ist die Ursache, wenn jemand Verlust erleidet?«
 »Leicht zu erkennen ist der Gewinner, leicht zu erkennen ist der Verlierer: Wer das Gesetz liebt, ist Gewinner, wer das Gesetz haßt, Verlierer.«

Stütze du dich auf das Recht, schätze das Recht, halte das Recht wert, würdige das Recht, ehre das Recht, achte das Recht; das Recht sei deine Fahne, dein Wahrzeichen, dein Leitpfad...

Nicht einmal den Stillstand im Guten lobe ich, geschweige denn den Rückschritt. Nur den Fortschritt im Guten lobe ich, nicht den Stillstand, nicht den Rückschritt.

Fürchtet euch nicht vor dem Guten, denn dieses ist gleichbedeutend mit Glück.

Geist ist die Wurzel der Erscheinungen, Geist ist ihr Wesen, Geist ihr Stoff; wenn jemand mit geklärtem Geist entweder redet oder wirkt, so folgt ihm daraus das Glück, gleichwie der Schatten nimmer weicht.

Die Toren, denen Weisheit fehlt, sind der Leichtfertigkeit ergeben; der Weise wahrt sein ernstes Streben sich als das kostbarste Juwel.

Sieh diese Bäume, diese Einsamkeiten! Geht in euch! Seid nicht lässig! Setzt euch nicht späterer Reue aus! Das ist meine Mahnung an euch.

Der Lehre gedenkend, erheitert sich der Geist, Freude steigt auf, und was an Befleckungen des Geistes besteht, das schwindet...

Zwei Arten des Schutzes gibt es, ihr Jünger: welche beiden? Den materiellen Schutz und den Schutz der Wahrheit: diese beiden Arten des Schutzes gibt es, ihr Jünger. Die höchste dieser beiden Arten des Schutzes aber ist der Schutz der Wahrheit.

Sei kein Diener dieser Welt.

Durch Festigkeit und ernstes Streben, durch Selbstzucht, Sinneszügelung bereitet sich der weise Mann ein Eiland, das vor der Hochflut ganz gesichert ist.

Alle Gestaltungen sind veränderlich; wer dies klar erkennt und deutlich sieht, der wird des Leidens satt; das ist der Weg zur Läuterung.

Selbst müßt ihr vorwärts streben, die Wahrheitskenner weisen nur den Weg.

Wer sein eigenes Glück sucht, der ziehe seinen eigenen Pfeil heraus, seinen Jammer, seine Klage und Verzweiflung.

Nicht die Vergehungen der anderen, was sie getan, was sie versäumt haben, soll man betrachten; vielmehr das, was man selbst tut und unterläßt.

Das eigene Selbst tut das Böse, durch das eigene Selbst wird man unrein; das eigene Selbst meidet das Böse, durch das eigene Selbst wird man rein. Rein oder unrein wird man durch sich selbst, kein anderer kann dich rein machen.

Was auch der Feind dem Feinde antun mag, und was ein Gegner seinem Widersacher: weit größeres Unheil richtet der Geist an, auf falsche Bahn gelenkt.

Wen die niedrige Sucht überwältigt, dem häuft sich der Kummer immer mehr, wuchernd wie Birana-Gras.

Einem leichtfertigen Menschen wächst die Sucht wie ein Schlinggewächs; er eilt von einem Dasein zum andern, gleichwie ein Affe, der im Wald Früchte sucht.

Die zehn Sünden: 1. Das Zerstören von Leben. 2. Das Nehmen nicht-gegebener Dinge. 3. Schlechter Wandel in sinnlichen Lügen. 4. Lügnerische Rede. 5. Verleumderische Rede. 6. Rohe Rede. 7. Unnützes Schwatzen. 8. Begehren (Habsucht). 9. Übelwollen. 10. Falsche Ansichten.

Ein Mensch mit wenig Vermögen und vielen Wünschen, der in einer Krieger-Familie geboren ist, giert nach einer Königsherrschaft hier in der Welt: Dies ist die Ursache, wenn jemand Verlust erleidet...

Wandelt auf eurem eigenen Weidegrund, im Gebiet eures väterlichen Erbteils. Auf eurem eigenen Weidegrund wandelnd, im Gebiet eures väterlichen Erbteils werdet ihr an Lebensdauer zunehmen, werdet ihr an Schönheit zunehmen, werdet ihr an Glück zunehmen, werdet ihr an Kraft zunehmen.

Zwei gute Eigenschaften, ihr Jünger, beschirmen die Welt: welche beiden? Schamgefühl und sittliche Scheu. Würden nämlich, ihr Jünger, nicht diese beiden guten Eigenschaften die Welt beschirmen, so würde man da weder seine Mutter kennen noch der Mutter Schwester, noch der Mutter Bruder Weib, noch des Lehrers Weib, noch der Vorgesetzten Ehefrauen: so würde die Welt sich vermengen wie Schafe, Ziegen, Hühner, Schweine, Hunde und Schakale...

Seligkeit schafft ein gezähmter Geist.

Ehrerbietung und Demut, Zufriedenheit und Dankbarkeit, das Hören des Gesetzes zur richtigen Zeit: dieses ist das höchste Heil.

Nicht möglich ist es, daß man, ohne das Gebiet der Sittlichkeit zu bemeistern, das Gebiet der Sammlung bemeistern wird. Nicht möglich ist es, daß man, ohne das Gebiet der Sammlung zu bemeistern, das Gebiet der Einsicht bemeistern wird.

Wer den in ihm aufsteigenden Zorn hemmt wie einen Wagen im Lauf, der ist ein rechter Wagenlenker, die andern halten die Zügel nur.

Wenn da in einem Topf befindliches Wasser mit roter, gelber, blauer oder brauner Farbe versetzt ist, und ein Mann mit gesunden Augen sein eigenes Spiegelbild darin zu sehen wünscht, so ist er eben nicht imstande, dasselbe der Wirklichkeit entsprechend wahrzunehmen und zu erkennen. Ebenso auch: zu einer Zeit, wo man begierdegefesselten, begierdegequälten Geistes verweilt und der aufgestiegenen Sinneslust Aufhebung nicht der Wirklichkeit gemäß erkennt, zu einer solchen Zeit begreift und erkennt man weder das eigene Heil noch das Heil der anderen...

Der, von dem ihr wißt, daß er hinsichtlich der fünf Sittenregeln in Werken sich beherrscht und der vier geisterhebenden, schon bei Lebzeiten beglückenden Zustände nach Wunsch, ohne Mühe und Anstrengung, teilhaftig wird, der kann, wenn er will, von sich erklären, daß er entronnen ist der

Hölle, entronnen dem Tierreich, entronnen dem Gespensterreich, entronnen dem Abweg, der Leidensfährte, der verstoßenen Welt, und daß er »eingetreten ist in den Strom«, dem Verderben entronnen, gesichert, der vollen Erleuchtung gewiß.

Die Tat ist Wissen und Tugend, Moralität ist das höchste Leben.

Zweierlei Gaben gibt es, ihr Jünger: welche beiden? Die materielle Gabe und die Gabe der Wahrheit: diese beiden Gaben gibt es, ihr Jünger. Die höchste dieser beiden Gaben aber, ihr Jünger, ist die Gabe der Wahrheit.

Mit fünf Eigenschaften ausgestattet, ihr Mönche, ist der Mensch würdig der Opfer, würdig der Gastfreundschaft, würdig der Gaben, würdig des ehrfurchtsvollen Handgrußes, ist in der Welt der beste Boden für verdienstvolle Werke. Und welches sind diese fünf Eigenschaften?
    Er besitzt die Fähigkeit und die Kraft des Vertrauens, des Willens, der Achtsamkeit, der Sammlung, der Einsicht.

Fünf Kampfeskräfte gibt es, ihr Mönche: welche fünf? Die Kraft des Vertrauens, die Kraft des

Schamgefühls, die Kraft des Gewissens, die Kraft des Willens und die Kraft der Einsicht. Darum, ihr Mönche, habt ihr danach zu trachten: »Ausgerüstet wollen wir sein mit den Kampfeskräften des Vertrauens, des Schamgefühls, des Gewissens, des Willens und der Einsicht!« Das, ihr Mönche, sei euer Streben!

Das mit fünf Eigenschaften ausgestattete Wort, ihr Mönche, ist wohlgesprochen: Es wird zur rechten Zeit gesprochen, wahr, sanft, zweckdienlich und in liebevoller Gesinnung.

Feindschaft wird durch Feindschaft hienieden nie zerstört; durch Nichtfeindschaft wird sie zerstört, dies ist ein ewiges Gesetz.

Wie des mächtigen Berges Felsmasse vom Sturm nicht erschüttert wird, so wird weisen Gemüts Frieden von Lob, von Tadel nicht bewegt.

Ein altes, tiefes Wort ist es; nicht stammt es erst von heute her: Man tadelt den, der stumm dasitzt, man tadelt den, der vieles spricht, auch den, der mäßig spricht, schilt man: Dem Tadel kann man nicht entgehn.

Der mit sechs Eigenschaften ausgestattete Mönch, ihr Mönche, lebt schon bei Lebzeiten glücklich und voll Frohsinn... Und welches sind diese sechs Eigenschaften?

Da, ihr Mönche, findet der Mönch Freude am Gesetze, Freude an der Geistesentfaltung, Freude an Überwindung, Freude an Abgeschiedenheit, Freude an der leidlosen Stätte, Freude am Weltentrücktsein.

Hat nun, ihr Mönche, der Mönch seinen Geist im Sinne seiner Weltentsagung entfaltet, und halten die aufgestiegenen üblen schuldvollen Erscheinungen seinen Geist nicht mehr gefesselt, so mag er eine von beiden Früchten erwarten: noch bei Lebzeiten das höchste Wissen oder Niewiederkehr.

Zwei Menschen, ihr Jünger, trifft man selten in der Welt: welche beiden? Den Zuvorkommenden und den Dankbaren, Erkenntlichen: diese beiden Menschen, ihr Jünger, trifft man selten in der Welt.

Zwei Menschen, ihr Jünger, trifft man selten in der Welt... Den Gestillten und den Stillung Bringenden: diese beiden Menschen trifft man selten in der Welt.

Nicht, wer auf dem Schlachtfeld viele Tausende besiegt hat, sondern nur wer sich selbst bezwang, ist von den Siegern der größte.

Der gute Mensch durchdringt jede Richtung.

An Strömen könnt ihr dies merken, an jedem Bach und Felsenquell. Der kleine Bach fließt laut murmelnd; in Schweigen ruht der Ozean.

Das Gemüt eines von den Dingen der Welt berührten Menschen, welches nicht erzittert und kummerlos, leidenschaftslos und frei von Furcht ist: dies ist das höchste Heil.

Nachwort

Die Reden Buddhas beschäftigen sich mit den verschiedensten Themen aus dem praktischen Leben, aus dem Leben der Seele und mit den großen Problemen der Weltdeutung. Sie entwerfen in ihrer Reihenfolge kein konsequentes System, sondern nehmen jeweils zu einer bestimmten Frage Stellung, wobei allerdings endlos anmutende Wiederholungen den europäischen Leser befremden. All dies fordert eine Auslese, eine Zusammenfassung der wesentlichen Stellen geradezu heraus, um den Geist und die menschliche Haltung, die sich in der Gesamtheit der etwa zehntausend Seiten umfassenden Reden aussprechen, unmittelbar deutlich und für unsere Zeit nahe werden zu lassen. Dem Bändchen liegen die Texte der berühmtesten Übertragungen zugrunde, und es nimmt aus diesen jeweils jene Stellen, die am eindringlichsten erschienen. So folgt die Auslese zum Teil der deutschen Fassung von Hermann Oldenberg »Reden des Buddha«, Lehre, Verse, Erzählungen, München 1922; jener von Paul Dahlke »Buddha«, Berlin 1920; der von Bhikku Nyanatiloka »Die Reden des Buddha aus der ›Angereihten Sammlung‹«, Leipzig und München 1914–1922; und der Übertragung von Karl Seidenstücker »Pali-Buddhismus«, Leipzig 1911. Den genauen Hinweis gibt der ergänzende Absatz nach dem Quellenverzeichnis. Die Titel der einzelnen Abschnitte wurden meist neu gewählt.

Für eine nähere Beschäftigung mit der Lehre Buddhas seien die Werke »Die Religionen Indiens« von Hellmuth v. Glasenapp, Stuttgart 1943 und »Deutsch-indische Geistesbeziehungen« von Ludwig Alsdorf, Heidelberg 1942 angegeben.

Wolfgang Kraus

Inhalt

Vorwort 7

Vorsprüche (S 3, 0; A 3, n)   5
Beginn des Wissens (A 3, n)   21
Der Aufbruch (M 1, 0)   24
Vollendetes Leben (A 3, n)   28
Die vier Wahrheiten (M 1, 0)   29
Der Weg der Mitte (M 1, 0)   30
Das Licht der Wahrheit (S 3, 0)   32
Die innere Freiheit (M 1, 0)   34
Die unreine Flamme (M 1, 0)   35
Tätig oder untätig sein? (A 8, n)   37
Die Welt als Wille (A 10, n)   39
Das Nirwana (S 4, 0; A 9, n)   40
Das Reich des Bösen (S 1, 0)   41
Die Gewalt des Vollendeten (S 3, 0)   43
Das unergründliche Wissen (S 5, 0)   45
Keine nutzlosen Fragen (A 5, d)   47
Die edle Spur (MN 1, 0)   51
Die Last und der Lastträger (S 3, 0)   52
Die Wurzel des Leidens (S 2, d)   54
Das Meer der Tränen (S 3, 0)   55

Die drei Botschaften (A 1, o) 57
Kurz ist das Leben (S 1, o) 62
Die Vergänglichkeit (S 1, o) 63
Der große Pflug (S 3, o) 64
Der Atem der Welt (S 3, d; D 22, d) 65
Von der Nichtigkeit (S 3, o) 66
Das ruhige Herz (A 3, n; D 16, d) 68
Suche Frieden (A 7, n; A 8, n; S 1, o) 69
Irrlicht des Geistes (S 2, o) 71
Frei von Schmerzen (U, o) 73
Die Lampe in der Dunkelheit (D 14, d) 75
Vom Suchen (M 26, o) 77
Die beiden Räder (A 1, o) 79
Die Flamme des Leidens (S 2, o) 84
Vom rechten Tun und Lassen (D 31, o) 86
Morgenröte der Weisheit (A 10, n) 88
In der Einsiedelei (MN 26, d) 89
Das große Erlöschen (D 14, d) 91
Hilfsmittel der Weisheit (D 16, d) 92
Unrechtes Tun ist unklug (D 16, d) 93
Die wahre Besonnenheit (D 2, d) 94
Der schlechte Einfluß (A 10, n; A 3, n;
  A 3, n) 95
Die Gemütserlösung (A 3, n; S 5, o) 96
Die Zuflucht (D 16, d) 97
Das Elend der Völker (D 26, d) 98
Das Jenseits (MN 54, d) 103

Die Welt nach dem Tode (A 3, n; A 3, n;
  SU, s)   104
Tödliche Leidenschaft (A 3, n)   105
Das Glück der Völker (D 5, d)   106
Kraft der Selbsterkenntnis (A 2, n)   109
Beständigkeit in Güte (MN 21, d)   111
Bleibe liebevollen Gemütes! (MN 21, d)   112
Gesundheit des Geistes (S 3, d)   113
Das tiefe Wissen (S 3, d)   114
Strebt unermüdlich! (I, s)   116
Die unmittelbare Einsicht (S 3, d)   117
Von der Torheit (A 3, n; A 3, n; DH, s)   119
Wer die Lehre schaut... (S 3, d)   120
Die törichte Gier (S 2, d)   123
Dies ist der Friede... (A 3, n)   125
Die Familie (A 3, n)   127
Liebe zu den Eltern (A 2, n)   128
Die zeitlose Wahrheit (A 3, n)   130
Vier Stufen der Sammlung (A 3, n)   132
Glück der Selbstvertiefung (D 2, d)   134
Die Atemübung (A 10, n)   135
Die fünffache Sammlung (A 5, n)   137
Die Weltdurchdringung (MN 55, d; DH, o;
  A 1, s)   141
Die Kunst des Zuhörens (A 3, n)   142
Die dreifache Befreiung (A 3, n)   143
Drei Arten der Reinheit (A 3, n)   144

Von zehn Dingen losgelöst... (A 10, n)   145
Verachtung des Ruhmes (A 5, n)   146
Das Tun und das Nichttun (A 2, n)   147
Frei von Furcht (A 2, n)   148
Die zwei Arten des Glücks (A 2, n)   149
Ferne und Nähe (A 6, n)   151
Die ungefährdeten Schätze (A 7, n)   152
Erlösung des Herzens (I, s)   154
Güte gegen den Nächsten (MN, s)   155
Die Botschaft (D 14, d; D 9, d)   156
Unsterbliche Saat (S, s)   157
Weisheitsworte (S 3, d; SU, s; D 26, d; A 10, n; DH, s; DH, s; MN 21, d; A 3, n; A 2, n; DH, s; DH, s; DH, s; DH, s; DH, s; DH, s; DH, s; DH, s; DH, s; DH, s; DA, s; D 26, d; A 2, n; DH, s; K, s; A 5, n; DH, s; A 5, n; A 5, n; DH, s; A 2, n; A 6, n; A 5, n; A 5, n; DH, s; DH, o; DH, o; A 6, n; A 10, n; A 2, n; A 6, n; DH, s; A 3, n; DH, o; SU, s)   159

Nachwort   169

Erklärung der Abkürzungen

A = Anguttara Nikaya (Angereihte Sammlung); D = Digha Nikaya; DA = Dasakusalakammani ; DH = Dhammapadam; I = Itivuttakam; K = Khuddaka Patho; M = Maharagga; MN = Majjhima Nikaya; S = Samyutta Nikaya; SU = Sutta Nipato; U = Udana. Die Ziffer bedeutet die Zahl des Buches der jeweiligen Sammlung.

Die Kleinbuchstaben bezeichnen den Übersetzer der betreffenden Stelle: d = Paul Dahlke; n = Bhikku Nyanatiloka; o = Hermann Oldenberg; s = Karl Seidenstücker.

Lao Tse
Tao-Te-King

Neu ins Deutsche übertragen von Hans Knospe
und Odette Brändli
Mit einem Nachwort von Knut Walf

Das *Tao-Te-King* von Lao Tse dürfte nach der Bibel das am weitesten verbreitete und meistübersetzte Buch sein. Und seitdem die Lehre vom Tao im Westen bekannt geworden ist, hat sie dort Menschen angesprochen und auch politische Wirkungen gezeigt.

»So haben nicht wenige in der Zeit des Nazi-Terrors im *Tao-Te-King* nicht nur Trost, sondern auch Weisung zu politischem Handeln gefunden. In den Flugblättern der *Weißen Rose* wurde Lao Tse häufig genannt und zitiert.
Die Taoisten sind nicht Meister großer oder vieler Worte. Ihre Weisungen sind knapp gehalten, oft bildhaft-konkret, voller Skepsis gegenüber dem menschlichen Erkenntnisvermögen, gegenüber angelerntem Wissen, voll Kritik und Logik.
Die drei gesellschaftlichen Alternativrichtungen unserer Zeit (für Entwicklung, Abrüstung und Umwelt) könnten insbesondere bei Lao Tse manche Anregung und Bestätigung empfangen. Er ist geradezu der Verkünder der Maxime *small is beautiful* und eines einfachen Lebens: ›Ein Land soll klein und dünn besiedelt sein. Sorge dafür, daß die Menschen, obwohl sie genug Waffen für eine Truppe oder ein Bataillon haben, sie nie gebrauchen.‹«   *Knut Walf in seinem Nachwort*